LA MÉTHODE SIMPLE
POUR EN FINIR
AVEC LA CIGARETTE

ALLEN CARR

LA MÉTHODE SIMPLE POUR EN FINIR AVEC LA CIGARETTE

ARRÊTER DE FUMER EN FAIT C'EST FACILE !

Titre original

Allen Carr's Easy Way to Stop Smoking
(2ᵉ édition)

Traduit de l'anglais par Jean-François Piet

Allen Carr's Easyway et Pocket se réservent le droit de se retourner contre toute personne physique ou morale qui utilise le contenu de ce livre à des fins autres que privées.
L'utilisation du contenu de ce livre à des fins professionnelles et à but lucratif est strictement interdit.
Application de la loi sur les Droits d'auteur de 1957.

Le Code de la propriété intellectuelle n'autorisant aux termes de l'article L. 122-5, 2ᵉ et 3ᵉ a, d'une part, que les « copies ou reproductions strictement réservées à l'usage privé du copiste et non destinées à une utilisation collective » et, d'autre part, que les analyses et les courtes citations dans un but d'exemple ou d'illustration, « toute représentation ou reproduction intégrale ou partielle faite sans le consentement de l'auteur ou de ses ayants droit ou ayants cause est illicite » (art. L. 122-4).
Cette représentation ou reproduction, par quelque procédé que ce soit, constituerait donc une contrefaçon sanctionnée par les articles L. 335-2 et suivants du Code de la propriété intellectuelle.

© Allen Carr's Easyway (International) Ltd. Tous droits réservés.
© Pocket, 1997, pour la traduction française.
ISBN : 2-266-11499-9

Allen Carr est devenu expert-comptable en 1958. S'il s'épanouissait dans sa vie professionnelle, la consommation quotidienne d'une centaine de cigarettes le déprimait. En 1983, après l'échec d'innombrables tentatives pour arrêter de fumer par le seul pouvoir de la volonté, il découvrit ce que l'humanité attendait : *The Easy Way to Stop Smoking (Arrêter de fumer, en fait c'est facile)*. Depuis il ne fume plus et se consacre aux autres fumeurs. Sa solide notoriété repose sur les résultats spectaculaires de sa méthode. Il est désormais considéré comme l'expert numéro un dans l'assistance aux fumeurs qui souhaitent arrêter. Au début les fumeurs des quatre coins du monde se retrouvaient dans son centre de Londres ; aujourd'hui son réseau de centres couvre les cinq continents. *Arrêter de fumer, en fait c'est facile* est aussi un best-seller traduit en quinze langues.

PRÉFACE

Enfin la solution miracle que tous les fumeurs attendent :

- Elle est instantanée,
- aussi efficace avec les « *grands* » fumeurs qu'avec les « *petits* »,
- elle ne provoque aucune angoisse importante par manque de cigarettes,
- ne requiert aucune volonté particulière,
- elle n'a rien d'un traitement de choc,
- ne recourt ni aux trucages ni aux tours de magie,
- n'entraîne aucun gain de poids,
- et cette solution est définitive.

Si vous êtes fumeur, il suffit que vous poursuiviez la lecture de ce livre. Si vous ne fumez pas, mais avez acheté ce livre pour un proche, incitez-le à le lire ; si vous n'arrivez pas à l'en persuader, lisez-le vous-même : l'ultime chapitre vous aidera à transmettre le message – ainsi qu'à empêcher vos enfants (si vous en avez) de commencer à fumer. Ne soyez pas dupe, même s'ils affirment maintenant – sincèrement – avoir horreur du tabac : tous les enfants détestent la cigarette avant d'en devenir dépendants.

INTRODUCTION

« Je vais guérir le monde de cette plaie – la cigarette ! »

J'en parlais alors à ma femme. Elle pensait avec raison que j'étais dingue car elle m'avait vu faire, pratiquement une année sur deux, de sérieux efforts – mais vains – pour arrêter de fumer. Elle avait d'autant plus raison que ma dernière tentative m'avait laissé pleurant à chaudes larmes. J'avais encore échoué, après six mois d'un véritable purgatoire. Je pleurais, car je pensais qu'après cet échec je continuerais à fumer jusqu'à ce que mort s'ensuive. J'avais mis tant d'énergie dans cette ultime tentative que je me croyais incapable d'affronter à nouveau une telle épreuve. L'incrédulité de ma femme était d'autant plus justifiée que je formulais cette promesse juste après avoir éteint ma dernière cigarette. Non seulement j'étais guéri, mais j'allais, de surcroît, guérir le reste du monde !

Rétrospectivement, il semble que toute mon existence me prépara à résoudre le problème du tabagisme. Même les pénibles années passées à apprendre puis à exercer mon métier d'expert-comptable furent d'une aide inestimable pour mettre à nu les mystères du piège du tabagisme. On prétend qu'il est impossible de tromper éternellement tout le monde ; je constate que c'est pourtant exactement ce que font depuis des années les compagnies de tabac. Je crois aussi être le premier à vraiment comprendre le piège de la cigarette. Si je vous semble arrogant, sachez que cette révélation n'est nullement venue de moi, mais des circonstances de ma vie.

Le 15 juillet 1983 fut le jour J. Je ne me suis pas évadé d'Alcatraz, mais j'imagine que ceux qui l'ont fait ont ressenti un soulagement comparable à celui que j'ai ressenti en éteignant ma dernière cigarette. J'ai compris que j'avais découvert ce dont chaque fumeur rêve : un moyen facile d'arrêter de fumer. Après l'avoir expérimenté sur des amis et des membres de ma famille, je suis vite devenu consultant à plein temps, aidant ainsi les autres fumeurs à se libérer.

J'ai écrit la première édition de ce livre en 1985. Il me fut inspiré par l'un de mes « échecs », le personnage décrit au chapitre xxv. À chacune des deux visites qu'il m'a rendues, nous avons fini en larmes. Il était si agité qu'il m'était impossible de l'amener à se détendre suffisamment pour qu'il comprenne le sens de mes paroles. J'ai pensé que le seul moyen pour qu'il puisse recevoir mon message était de l'écrire. Ainsi, il pourrait choisir un moment plus propice pour s'y mettre et le lire, cela autant de fois qu'il le voudrait.

J'écris cette introduction à l'occasion de la publication de la seconde édition. Je regarde la couverture : une petite inscription rappelle qu'il a été un best-seller chaque année depuis sa parution. Je pense aux milliers de lettres de fumeurs du monde entier ou de leurs proches, qui me remercient de l'avoir écrit. Je n'ai malheureusement pas le temps de répondre à toutes, mais chacune d'elles me remplit de joie et une seule d'entre elles justifierait la peine que j'ai prise à écrire ce livre.

À mon grand étonnement, j'apprends chaque jour quelque chose de nouveau sur le tabagisme. Cela n'empêche pas la philosophie de base du livre de rester valable. Sans vouloir prétendre parvenir à la perfection, il est un chapitre que je ne modifierai jamais, celui qui s'est révélé le plus facile à écrire et, par coïncidence, le plus apprécié des lecteurs : le chapitre XXI.

Outre ma propre expérience, celle des consultations que j'ai données, j'ai l'expérience des cinq années écoulées depuis la première publication du livre. Les changements que j'ai apportés à la seconde édition sont destinés à clarifier mon message, en insistant sur les cas d'échec constatés et en essayant d'en déloger les raisons. La plupart de ces échecs concernent des jeunes gens, contraints à venir me voir par leurs parents, mais n'ayant aucune envie d'arrêter de fumer. J'arrive pourtant à guérir 75 % d'entre eux. Le cas d'échec total, celui du fumeur qui veut désespérément arrêter, comme l'homme décrit dans chapitre XXV, est très rare. Cela me fait très mal, et mon incapacité à le soigner ne cesse de me hanter. Je considère cet échec comme le mien, et non comme celui du fumeur, parce que je ne suis pas parvenu à lui montrer combien il est facile d'arrêter, et l'implication extraordinaire que cela aurait sur sa vie. Je sais que chaque fumeur peut facilement s'arrêter, et même avec plaisir. Certains d'entre eux sont cependant si obnubilés par leurs préjugés qu'ils n'arrivent pas à faire fonctionner leur imagination : c'est la peur d'arrêter qui les empêche d'ouvrir leur esprit et ils n'imputent jamais cette peur à la cigarette elle-même. Le plus grand bénéfice, lorsqu'on arrête de fumer, est la disparition de cette peur.

Je dédie la première édition du livre aux « 16 à 20 % » des personnes traitées que je n'ai pas réussi à guérir. J'ai estimé ce taux d'échec d'après le nombre de livres qui m'ont été retournés pour remboursement, comme je le garantissais alors à mes clients insatisfaits.

J'ai reçu, depuis que j'ai commencé, beaucoup de critiques sur ma méthode, mais je sais qu'elle peut réussir avec n'importe quel fumeur. Le reproche le plus fréquent est : « *Votre méthode n'a pas marché avec moi.* » Dans leurs doléances, ces fumeurs me racontent avoir agi totalement à l'opposé de la plupart de mes recommandations et ils s'étonnent de continuer à fumer. Imaginez-vous errant toute votre vie dans un labyrinthe dont vous cherchez désespérément la sortie. J'ai le plan de ce labyrinthe et, pour vous permettre d'en sortir, je vous dis : « *Tournez à gauche, et puis à droite, etc.* » Si vous sautez ne serait-ce qu'une instruction, il est inutile que vous respectiez les suivantes ; vous ne sortirez jamais de ce labyrinthe.

Mes premières consultations furent menées en sessions individuelles. Seuls les cas les plus désespérés s'étaient décidés à venir me voir et j'avais la réputation d'être une espèce de charlatan. Maintenant, on me confère la qualité d'expert numéro un sur le sujet et des personnes du monde entier viennent me voir. Traitant les fumeurs par groupes de huit, je n'arrive toujours pas à répondre à la demande et je ne fais pourtant appel à aucune publicité. Regardez dans l'annuaire, vous ne verrez rien sur le tabagisme.

J'essaie également d'appliquer ma méthode à d'autres types de toxicomanies. Chaque session ou presque compte un ex-alcoolique ou un ex-toxicomane (autre que fumeur), ou même quelqu'un qui prend plusieurs drogues à la fois. Ils se révèlent plus faciles à guérir que les fumeurs, même s'ils n'ont jamais assisté auparavant à une réunion des Alcooliques anonymes. Cette méthode est efficace pour toutes les drogues.

Pour moi, l'aspect le plus démoralisant est la facilité avec laquelle certains anciens drogués (fumeurs, alcooliques ou héroïnomanes) retombent dans le piège. Les lettres les plus pathétiques que je reçois proviennent de fumeurs qui, après avoir arrêté grâce à ce livre ou à la vidéo qui l'accompagne, sont ensuite retombés. Le bonheur des premiers temps laisse place à la crainte que la méthode n'échoue la fois suivante. Je suis particulièrement sensible à ce problème, et veux aider ces fumeurs à arrêter de nouveau. Expliquer les relations entre l'alcool, la cigarette et les autres drogues est matière à un livre entier, sur lequel je travaille actuellement.

La critique de loin la plus courante est que le livre est très répétitif. J'affirme que cela est tout à fait voulu; comme je l'explique, le principal problème n'est pas l'accoutumance *chimique* à la nicotine, mais le *lavage de cerveau* qui en résulte. Je me permets de préciser que les personnes qui se plaignent de cette particularité sont précisément celles pour qui la méthode n'a donné aucun résultat. Y aurait-il un rapport?

Comme je l'ai dit, je reçois beaucoup de félicitations et quelques critiques. Dans les premiers temps, j'ai été la cible des professions médicales, mais elles sont maintenant mon plus ardent supporter. En fait, un médecin m'a comblé en me confiant qu'il aurait été fier d'écrire ce livre.

CHAPITRE I

LE PIRE FUMEUR
QUE J'AIE JAMAIS RENCONTRÉ

Je devrais peut-être commencer par justifier de mes compétences pour écrire ce livre. Je ne suis ni médecin ni psychiatre. Mes qualifications sont bien plus appropriées : j'ai été, durant trente-trois années de ma vie, un fumeur invétéré. Les dernières années, je fumais cinq paquets les mauvais jours et jamais moins de trois les autres.

J'ai fait une douzaine de tentatives pour arrêter. Une fois, j'ai même arrêté six mois. J'étais alors surexcité, je recherchais systématiquement la compagnie des fumeurs pour essayer de récupérer quelques bouffées. Si je voyageais en train, je prenais toujours une place dans un compartiment fumeurs.

Pour la plupart des fumeurs, la question de la santé se résume à une formule du style « *j'arrêterai avant qu'une chose pareille ne m'arrive* ». J'avais atteint le point où je savais que la cigarette me tuait. Je souffrais de maux de tête permanents et je toussais constamment. Je sentais des palpitations continues dans le front et les tempes et je pensais honnêtement que ma tête allait exploser et que je mourrais d'une hémorragie cérébrale. Cela me gênait au plus haut point, mais je fumais toujours. Au point, même, que j'avais abandonné toute tentative pour arrêter. Non que j'aimais tellement fumer. Certains fumeurs ont quelquefois, dans leur vie, souffert de l'illusion qu'ils appréciaient cette cigarette occasionnelle. Pas moi. J'en ai toujours détesté l'odeur et le goût, mais je pensais que la cigarette m'aidait à me détendre, qu'elle me donnait du courage et de la confiance en moi. J'étais toujours malheureux lorsque j'essayais d'arrêter, incapable d'imaginer une vie supportable sans cigarette.

En fin de compte, ma femme m'a envoyé chez un hypnothérapeute. Je dois avouer que j'étais complètement sceptique. Ne connaissant alors rien de cette discipline, j'imaginais un personnage mystique, avec des yeux perçants, balançant un pendule devant mon visage. J'avais toutes les illusions qu'ont habituellement les fumeurs à propos de la cigarette, sauf une : je savais que je n'étais pas une personne dénuée de volonté. Je maîtrisais tous les autres problèmes de mon existence, mais, là, c'était la cigarette qui me dominait. Pour moi, l'hypnose allait forcer ma volonté et, bien que je ne sois pas opposé au principe (comme beaucoup de fumeurs, je voulais vraiment arrêter), j'étais persuadé que personne ne me ferait avaler l'idée que je n'avais pas besoin de fumer.

Le traitement fut une perte de temps. Le praticien essaya une panoplie de mouvements et autres divers remèdes. Rien ne marchait. Je n'ai pas perdu conscience, ne suis pas rentré en transe, n'ai pas même pensé le faire et pourtant, après cette séance, j'ai définitivement arrêté de fumer et, de surcroît, j'ai trouvé la période de sevrage réjouissante.

Maintenant, avant que vous ne vous précipitiez chez un hypnothérapeute, laissez-moi éclaircir un point important. L'hypnothérapie est un moyen de communication. Si le message communiqué n'est pas le bon, vous n'arrêterez pas de fumer. C'est à contrecœur que je critique le médecin que j'ai consulté car je serais aujourd'hui mort si je n'étais pas allé le voir. Mais c'était en dépit de lui, pas grâce à lui. Je ne veux pas non plus avoir l'air de médire de l'hypnothérapie ; au contraire, je l'utilise dans mes propres consultations. C'est une puissante force de suggestion qui peut être utilisée à bon ou à mauvais escient. Ne consultez jamais un hypnothérapeute qui ne vous ait été personnellement recommandé par quelqu'un que vous respectez et qui a votre entière confiance.

Pendant ces années épouvantables de fumeur je pensais que ma vie dépendait de la cigarette et je m'étais résigné à mourir plutôt que de m'en passer. Aujourd'hui, lorsque l'on me demande si je ressens toujours ces angoisses de manque, je réponds invariablement *jamais, absolument jamais*, bien au contraire. J'ai eu une vie merveilleuse et, même si j'étais mort du tabac, je n'aurais eu aucune raison de me plaindre. J'ai été un homme très chanceux ; la chose la plus extraordinaire qui me soit jamais arrivée est d'avoir été libéré de ce cauchemar, de cet esclavage d'avoir à vivre en détruisant systématiquement mon propre corps et en payant au prix fort ce triste privilège.

Laissez-moi mettre les choses au point dès maintenant : je ne suis pas du genre mystique. Je ne crois ni aux magiciens ni aux contes. J'ai un esprit scientifique et je ne pourrais comprendre ce qui m'apparaîtrait irrationnel. Après avoir arrêté de fumer, je me suis mis à lire des ouvrages concernant l'hypnose et le tabagisme. Rien de ce que j'ai lu ne semblait expliquer le miracle qui m'est arrivé. Pourquoi avait-il été si ridiculement facile d'arrêter, alors que mes précédentes tentatives m'avaient causé des semaines de sombre dépression ?

Cela m'a pris longtemps pour y voir clair, tout simplement parce que j'abordais le problème à l'envers. J'essayais en effet d'expliquer pourquoi j'avais trouvé facile d'arrêter, alors que le vrai problème est d'expliquer pourquoi les fumeurs trouvent cela difficile. Ils font allusion aux terribles symptômes de manque, mais, quand je tente de me les rappeler, je suis obligé d'admettre que je ne les ai pas rencontrés. Je ne ressentais aucune souffrance physique. Tout était dans la tête.

Ma profession est maintenant d'aider les autres à arrêter. Et je fais cela avec grand succès. J'ai aidé à soigner des milliers de fumeurs et je dois insister dès le début : un fumeur confirmé, cela n'existe pas. Je n'ai encore jamais rencontré quelqu'un qui fût (ou plutôt qui pensât être) aussi *accro* que je l'étais. N'importe qui peut non seulement arrêter, mais, de surcroît, le faire sans difficulté. Au fond, seule la peur nous fait continuer à fumer, la peur que la vie ne soit jamais aussi appréciable sans tabac et la peur de la privation. En fait, rien n'est plus faux. La vie est plus appréciable sans la cigarette, infiniment plus et de multiples façons : énergie, bien-être et santé sont les moindres de ces avantages.

Tous les fumeurs peuvent trouver facile d'arrêter – même vous ! Tout ce que vous avez à faire est de lire, avec un esprit ouvert, l'intégralité de ce livre. Mieux vous comprendrez, plus il vous sera facile d'arrêter. Et si vous ne comprenez pas mais suivez les instructions à la lettre, il vous semblera tout aussi facile d'arrêter. Et le plus important de tout : vous ne vivrez pas en regrettant tant la cigarette ou en vous sentant en état de manque. Le seul mystère sera de savoir pourquoi vous aviez si longtemps été accro.

Enfin, avant de rentrer dans le vif du sujet, je dois vous prévenir qu'il y a deux raisons principales d'échec à ma méthode :

1 Les instructions n'ont pas été suivies

Un grand nombre de lecteurs trouvent ennuyeux que je sois si dogmatique dans certaines de mes recommandations. Par exemple, je vous demande de ne pas essayer de réduire votre consommation ou de ne pas utiliser des substituts contenant de la nicotine, c'est-à-dire bonbons, chewing-gums, etc. J'affiche cette intransigeance parce que je connais bien mon sujet. Je ne nie pas que des tas de gens aient réussi à arrêter en employant de telles ruses, mais je soutiens qu'ils ont réussi en dépit d'elles, pas grâce à elles. Il y a des individus qui peuvent faire l'amour debout sur un hamac, ce n'est pas pour autant le moyen le plus facile. Tous mes propos ont le même objectif : vous permettre d'arrêter facilement, et définitivement.

2 Mes arguments n'ont pas été compris

Ne prenez rien pour argent comptant. Remettez en cause non seulement ce que je vous dis, mais aussi vos propres opinions et ce que la société vous a enseigné sur le fait de fumer. Par exemple, que ceux qui pensent qu'il s'agit d'une simple accoutumance se demandent pourquoi ils peuvent facilement abandonner d'autres habitudes – parfois plus réjouissantes – et non celle-ci, qui laisse un mauvais goût, coûte une fortune et se révèle si meurtrière. Que ceux d'entre vous qui pensent apprécier les cigarettes se demandent pourquoi ils peuvent maîtriser d'autres habitudes, pourtant bien plus agréables. Pourquoi devez-vous impérativement allumer une cigarette, pourquoi paniquez-vous si vous n'en avez pas ?

CHAPITRE II

LA MÉTHODE FACILE

L'objet de ce livre est de vous mettre dans un état d'esprit tel que votre vie de non-fumeur commencera d'emblée avec un sentiment d'exaltation, comme si vous veniez de guérir d'une terrible maladie. Une fois que vous vous serez bien imprégné de cet état d'esprit, plus le temps passera et plus vous serez étonné d'avoir fumé si longtemps. Les fumeurs ne vous feront plus envie, mais pitié.

Je ferai, au cours de ce livre, souvent allusion à ce que j'appelle la méthode classique pour arrêter de fumer. Ce n'est pas seulement une méthode, mais plutôt l'état d'esprit avec lequel on doit aborder le problème. Certains suivent pour cela des cours, d'autres s'en passent. Le point commun fondamental est que le fumeur attaque sa vie de non-fumeur avec le sentiment de faire un sacrifice. Ainsi, il doit faire preuve d'une volonté de fer pour parvenir à son but. Par opposition à la mienne, cette méthode, qui donne le sentiment d'avoir à escalader l'Everest, prépare le fumeur à affronter des semaines affreuses, torturé par l'envie d'allumer une cigarette et par la vue des fumeurs autour de lui.

À moins que vous ne soyez déjà un ex-fumeur ou même un non-fumeur, il est essentiel de continuer à fumer jusqu'à la fin du livre. Cela pourrait apparaître comme une contradiction. Plus tard, j'expliquerai que la cigarette ne vous apporte absolument rien. En fait, le plus étonnant est que, lorsque nous sommes en train de fumer, nous regardons la cigarette en nous demandant pourquoi nous fumons. Ce n'est que lorsque nous en sommes privés que la cigarette devient précieuse. Considérons maintenant, que cela vous plaise ou non, que vous êtes conscient d'être *accro*. Étant accro, vous ne pouvez jamais vous sentir parfaitement détendu ou concentré sans une cigarette allumée à la bouche. N'essayez donc pas d'arrêter de fumer avant d'avoir complètement terminé ce livre, car votre désir de fumer s'estompera progressivement au fil des chapitres. Ne vous arrêtez pas sans avoir tout lu, car cela pourrait vous être fatal. Rappelez-vous que tout ce que vous avez à faire est de suivre les instructions.

Avec cinq années de recul depuis la première publication du livre, à l'exception du chapitre XXVIII, de « timing », cette injonction à continuer de fumer jusqu'à la fin du livre est celle qui m'a causé le plus de frustration. Quand j'ai arrêté de fumer, bon nombre de mes proches m'ont imité, simplement parce que je l'avais fait. Ils pensaient : « *S'il peut le faire, n'importe qui le peut.* » Au fil des années, j'ai, par de petites insinuations, réussi à persuader ceux qui ne l'avaient pas encore fait de réaliser combien il est bon d'être libre ! Lors de la première publication de ce livre, j'ai distribué des exemplaires aux quelques rares personnes de mon entourage qui fumaient encore. Je leur ai dit que même s'il s'agissait là du livre le plus ennuyeux jamais écrit, ils le liraient, parce que c'est un ami qui l'avait écrit. J'ai été à la fois surpris et blessé d'apprendre, quelques mois plus tard, qu'ils n'avaient pas pris la peine de le terminer. J'ai même découvert que mon plus proche ami d'alors n'avait pas ouvert l'exemplaire que je lui avais dédicacé et l'avait même offert. J'en avais été blessé, car je n'avais pas compris la peur que l'esclavage de la cigarette fait subir au fumeur. Cette peur peut vaincre l'amitié. Dans mon cas, cela m'a presque conduit au divorce. Ma mère a même, une fois, demandé à ma femme pourquoi elle ne menaçait pas de me quitter si je n'arrêtais pas de fumer. Celle-ci répondit qu'elle pensait que je la quitterais plutôt que d'arrêter de fumer. À ma grande honte, je pense qu'elle avait raison. Je réalise aujourd'hui que beaucoup de fumeurs ne finissent même pas le livre car ils pensent qu'ils arrêteront lorsque le moment sera venu. Certains ne lisent que quelques lignes par jour pour reculer au maximum le jour fatidique. Je sais maintenant que certains de mes lecteurs n'ont lu ce livre que contraints et forcés par des proches. Ce que vous risquez de pire... est d'arrêter de fumer. Si d'aventure vous ne vous n'arrêtez pas à la fin du livre, vous ne serez, de toute façon, pas plus mal que vous ne l'êtes actuellement. **Vous n'avez absolument rien à perdre et tout à gagner !** Soit dit en passant, si vous n'avez pas fumé depuis quelques jours, voire quelques semaines, mais n'êtes pas sûr d'être fumeur, ex-fumeur ou non fumeur, continuez à ne pas fumer pendant la lecture du livre. En fait, vous êtes déjà un non-fumeur. Tout ce qui nous reste à faire est de convaincre votre cerveau de se mettre en accord avec votre corps. À la fin du livre, vous serez heureux d'être un non-fumeur.

Dans le fond, ma méthode est complètement opposée à la méthode classique. Celle-ci consiste à établir une liste des inconvénients de la cigarette et à tenir le raisonnement suivant : « *Si je peux me passer de cigarette assez longtemps, mon désir de fumer finira par disparaître. Je pourrai alors profiter à nouveau de la vie, libéré de cet esclavage.* »

Ce point de vue semble logique et cette méthode (ou toute méthode similaire) permet chaque jour à des milliers de fumeurs d'arrêter. Pourtant, avec une telle méthode, le succès est très difficile à atteindre, et ce pour les raisons suivantes :

1 Arrêter de fumer n'est pas le vrai problème. Chaque fois que vous écrasez une cigarette, vous arrêtez de fumer. Il se peut qu'un jour vous ayez de puissantes raisons pour dire « *je ne veux plus fumer* » – tous les fumeurs en ont, tous les jours de leur vie, et les raisons sont toutes plus incitatrices qu'on ne peut l'imaginer. Le vrai problème est lorsque, le deuxième, le dixième ou le millième jour, dans un moment de faiblesse, d'ébriété ou même de joie, vous prenez une cigarette et, comme il s'agit de toxicomanie, vous en voulez une autre, puis une autre encore, et vous remettez à fumer.

2 Le danger pour notre santé devrait nous faire arrêter. Notre esprit rationnel nous dit « *Arrête, tu es stupide* », mais, en réalité, il ne fait que rendre la tâche plus difficile. Nous fumons, par exemple, lorsque nous sommes nerveux. Dites à un fumeur que cela le tue : la première chose qu'il fera sera d'allumer une cigarette. Il y a plus de mégots devant le *Royal Marsden Hospital* (le centre national britannique de traitement du cancer) que devant n'importe quel autre hôpital du Royaume-Uni.

3 Toutes les raisons pour arrêter rendent cette tâche plus difficile, et cela pour deux raisons. *D'abord*, elles créent un sentiment de sacrifice. Le fumeur se sent toujours forcé d'abandonner sa récompense, son soutien, vice ou plaisir – quelle que soit la qualité qu'il attribue au tabac. *Ensuite*, elles font oublier les raisons qui poussent à continuer à fumer. Les raisons qui vous incitent à arrêter n'ont rien à voir avec celles pour lesquelles vous fumez. La vraie question est : « *Pourquoi voulons-nous, pourquoi avons-nous besoin de fumer ?* »

Cette méthode « *facile* » repose sur l'idée qu'il faut, en premier lieu, oublier les raisons qui nous poussent à arrêter, affronter le problème de la cigarette et se poser les questions suivantes :

1 Qu'est-ce que cela me fait?
2 Est-ce que j'y prends vraiment plaisir?
3 Dois-je payer si cher dans le seul but de me mettre ces choses dans la bouche et de me tuer peu à peu?

L'éclatante vérité est que cela ne vous procure absolument rien. Je me permets d'insister, je ne veux pas dire qu'être fumeur présente plus d'inconvénients que d'avantages; tous les fumeurs savent cela. Je veux dire qu'il n'y a *aucun* avantage à fumer. Le seul avantage que la cigarette ait jamais présenté était un *plus* social; de nos jours, les fumeurs eux-mêmes considèrent cela comme une habitude antisociale.

La plupart d'entre eux ressentent le besoin de se justifier rationnellement, mais les raisons qu'ils avancent ne sont que faussetés et illusions.

La première chose que nous allons faire est justement de nous débarrasser de ces illusions. En fait, vous allez réaliser qu'il n'y a rien à abandonner. Il y a, de surcroît, de formidables avantages à être non fumeur; la santé et l'argent ne sont que deux de ces avantages. Une fois débarrassé de la fausse idée que la vie sera moins appréciable sans cigarette, quand vous aurez réalisé que c'est mille fois le contraire, quand le sentiment de privation et de manque sera déraciné, alors nous pourrons en revenir à la santé, à l'argent et aux dizaines d'autres raisons d'arrêter de fumer. Cette prise de conscience vous aidera à parvenir à votre but: pour profiter de la vie, libéré de cet esclavage.

CHAPITRE III

POURQUOI EST-IL DIFFICILE D'ARRÊTER?

Comme je l'ai expliqué précédemment, c'est mon propre assujettissement à la cigarette qui m'a amené à m'y intéresser. Quand je suis parvenu à arrêter, cela m'a semblé magique. Lors de mes précédentes tentatives, j'étais resté des semaines dans un état de dépression totale. Si je pouvais, certains jours, me considérer comme joyeux, je retombais très vite en pleine déprime. Comme si, après avoir escaladé une paroi glissante à la force des bras, je m'étais approché du sommet au point de le toucher, puis avais lâché prise et glissé jusqu'en bas. À la fin, vous craquez et vous allumez une cigarette ; elle a un goût infect et vous essayez vainement de vous expliquer ce qui vous a poussé à le faire.

Une des questions que je pose toujours aux fumeurs avant de commencer les consultations est : « *Voulez-vous arrêter de fumer ?* » C'est, en un sens, une question stupide. Tous les fumeurs (même ceux qui sont membres d'associations de défense des fumeurs) aimeraient arrêter. Si vous posez à n'importe quel fumeur confirmé la question suivante : « *Si vous pouviez revenir avant le moment où vous êtes devenu dépendant, avec la connaissance que vous avez maintenant acquise, auriez-vous commencé à fumer ?* », il vous répond systématiquement : « *non* ».

Si vous demandez au fumeur le plus atteint – celui qui n'a pas même idée que cela lui détruit la santé, qui ne s'inquiète pas de la tare sociale que les fumeurs représentent et qui peut financièrement se permettre de fumer (il n'y en a plus beaucoup, ces derniers temps) –, « *Conseilleriez-vous à votre fils de fumer?* », la réponse reste : « *Non, bien sûr.* »

Chaque fumeur a le sentiment que quelque chose de diabolique a pris possession de lui. Dans les premiers jours, on affirme : « *Je vais arrêter, pas aujourd'hui, mais demain.* » En fin de compte, on atteint un stade où l'on pense ne plus avoir de volonté, ou qu'il y a dans la cigarette quelque chose d'indispensable pour apprécier la vie.

Comme je l'ai dit plus haut, le problème n'est pas d'expliquer pourquoi il est facile d'arrêter mais pourquoi *c'est difficile*. En fait, le vrai problème est d'expliquer pourquoi on commence à fumer ou pourquoi, à une certaine époque, les fumeurs représentaient plus de 60 % de la population.

Le concept même de la cigarette est une énigme. La seule raison pour laquelle on se met à fumer est que des milliers de personnes le font déjà. Et pourtant, chacune de ces personnes regrette d'avoir commencé, et assure que c'est une perte de temps et d'argent. On ne peut pas vraiment croire qu'elles n'y prennent aucun plaisir. Nous associons cela au fait d'être adulte et travaillons dur afin de devenir accro. Nous passons alors le reste de notre vie à dire à nos propres enfants de ne pas nous imiter et à essayer nous-mêmes d'arrêter.

Nous passons aussi le reste de notre vie à payer le prix fort. Celui qui fume en moyenne vingt cigarettes par jour dépense 300 000 francs au cours de sa vie. Que faisons-nous de cet argent ? (Cela serait un moindre mal si nous nous contentions de le jeter à la poubelle.) Nous l'utilisons, en réalité, systématiquement, pour nous engorger les poumons avec des goudrons cancérigènes, pour nous boucher les artères et nous empoisonner jour après jour. Nous réduisons l'apport d'oxygène à nos organes et à nos muscles, nous devenons toujours plus léthargiques. Nous nous condamnons à une vie de saleté, de mauvaise haleine, de dents tachées, de vêtements brûlés, de cendriers infects et à l'immonde puanteur de fumée froide. C'est une vie d'esclavage. Nous passons la moitié de notre temps à nous sentir frustrés, soit parce que la société nous empêche de fumer (dans les églises, hôpitaux, écoles, théâtres, dans le métro, etc.), soit parce que nous essayons de diminuer ou d'arrêter. Le reste du temps, nous fumons parce que nous y sommes autorisés, mais préférerions ne pas le faire. Quel est donc ce passe-temps, qui vous dégoûte lorsque vous le pratiquez et qui vous manque à en crever lorsque vous cessez de le pratiquer ? Durant toute votre vie, la moitié de la société vous traite comme une sorte de lépreux et, pis, méprise l'être intelligent et rationnel que vous êtes. Chaque fois qu'il lit par inadvertance des mises en garde concernant sa santé, chaque fois qu'il tousse ou a un problème respiratoire, chaque fois que l'on fait allusion à sa mauvaise haleine, chaque fois que, dans un groupe, il est le seul à fumer, le fumeur se déteste. Il se hait aussi chaque fois qu'il y a une journée contre le tabac, ou une campagne de prévention contre le cancer. En vivant avec ces affreuses contrariétés qui lui rongent l'esprit, que retire-t-il donc de positif ? **Absolument rien !** Du plaisir ? De la jouissance ? Une relaxation ? Un soutien ? Un stimulant ? Ce ne sont que des illusions, à moins que vous ne considériez que le fait de porter des chaussures étroites pour apprécier le moment où on les retire procure un quelconque plaisir !

Comme je l'ai signalé plus tôt, le vrai problème est d'essayer d'expliquer non seulement pourquoi les fumeurs ont de grandes difficultés à arrêter, mais aussi ce qui les a initialement conduits à fumer.

Vous vous dites probablement : « *C'est bien joli, mais une fois sous l'emprise de la cigarette, il est très difficile de s'en débarrasser.* » Pourquoi donc est-ce si difficile et qu'est-ce qui, à l'origine, nous pousse à fumer ? Les fumeurs cherchent toute leur vie les réponses à ces questions.

Certains avancent que c'est à cause des puissants symptômes de manque. En fait, les vrais symptômes du manque de nicotine sont si légers (cf. chapitre VI) que la plus grande partie des fumeurs ont vécu et sont morts sans même se rendre compte qu'ils étaient drogués.

D'autres prétendent que les cigarettes sont très agréables. C'est faux. Ce sont des objets absolument infects. Demandez à n'importe quel fumeur qui croit fumer pour le plaisir s'il se retient de fumer lorsqu'il ne trouve plus ses cigarettes habituelles et qu'il dispose seulement d'une marque qu'il n'aime pas. Les fumeurs préfèrent fumer de la vieille corde pourrie plutôt que de s'abstenir. Le plaisir n'a rien à voir là-dedans. J'aime le homard, mais je n'en suis jamais arrivé au point où je me promenerais avec vingt homards suspendus autour du cou. Il y a bien d'autres choses dans la vie que nous apprécions lorsque nous les avons, mais dont nous ne nous sentons pas privés en leur absence.

D'autres recherchent de profondes raisons psychologiques, parlant d'un « *syndrome freudien* », d'un « *substitut du sein maternel* ». C'est, vraiment, exactement l'inverse. Habituellement, nous commençons à fumer pour montrer que nous sommes adultes et matures. Nous mourrions de honte d'avoir à sucer une tétine en public.

D'autres encore pensent que c'est l'inverse et que, en inspirant la fumée et en l'expirant par les narines, cela produit un effet « macho ». Encore ici, l'argument ne tient pas. Une cigarette dans l'oreille serait du plus grand ridicule. Et combien plus ridicule, encore, d'envoyer des goudrons cancérigènes directement dans vos poumons ?

D'autres enfin disent : « *cela m'occupe les mains !* » Alors pourquoi l'allumer ? « *C'est un plaisir oral !* »

Alors pourquoi l'allumer ? « *C'est la sensation de la fumée qui me descend dans les poumons.* » Un sentiment horrible – cela s'appelle suffoquer.

Pendant trente-trois ans, la raison que j'invoquais était que cela me détendait, me donnait confiance et courage. Je savais aussi que cela me tuait et me coûtait une fortune. Pourquoi ne suis-je pas allé voir un médecin pour lui demander de me fournir un autre moyen de relaxation, un autre moyen de me redonner courage et confiance en moi ? Je n'y suis pas allé parce que je savais qu'il me proposerait quelque chose. Ce n'était donc pas une raison, c'était mon excuse.

Quelques-uns disent que, s'ils fument, c'est parce que leurs amis le font. Êtes-vous, vous aussi, stupide à ce point-là ? Si c'est le cas, priez pour que vos amis ne se mettent pas à se couper la tête lorsqu'elle leur fait mal !

Beaucoup de fumeurs qui se penchent sur la question concluent que, en fin de compte, c'est tout simplement une habitude. Cela ne constitue pas vraiment une explication, mais, ayant éliminé toutes les explications rationnelles habituelles, c'est la seule excuse possible qu'il reste. Malheureusement, elle manque autant de logique que les autres. Chaque jour nous changeons d'habitudes, et abandonnons certaines pourtant très agréables. Mes habitudes alimentaires datent du temps où je fumais. Je ne prends ni petit déjeuner ni déjeuner ; j'ai un repas unique, le soir. Pourtant, en vacances, mon repas préféré est le petit déjeuner. Le jour même de mon retour de vacances, je reprends sans le moindre effort mon rythme habituel.

Pourquoi continuer à vivre avec une habitude qui nous laisse un mauvais goût dans la bouche, qui nous tue, qui nous coûte une fortune, qui est sale et répugnante et dont, de toute façon, nous voudrions chèrement nous débarrasser, alors qu'il nous suffit d'arrêter de le faire ? Pourquoi est-ce si difficile ? La réponse est que cela *n'est pas difficile*. C'est même ridiculement facile. Lorsque vous comprendrez les vraies raisons qui vous poussent à fumer, vous arrêterez de le faire – c'est tout. Et, après trois semaines tout au plus, le seul mystère sera de savoir pourquoi, à l'origine, vous avez pu fumer aussi longtemps.

Continuez la lecture...

CHAPITRE IV

LE SINISTRE PIÈGE

Le tabagisme est le piège le plus subtil et le plus sinistre qui existe. L'homme n'aurait même pas pu concevoir un piège aussi ingénieux. Au départ, qu'est-ce qui nous amène à fumer ? Les milliers de personnes qui le font déjà. Certes, elles nous préviennent que c'est une habitude dégoûtante qui leur coûte une fortune et qui finira par les détruire ; mais nous ne pouvons admettre qu'elles n'y trouvent aucun plaisir. Une des facettes pathétiques de la cigarette est l'ardeur avec laquelle on se force à tomber sous son emprise.

C'est le seul piège dans la nature qui n'a aucun appât, aucun morceau de fromage pour attirer les éventuelles victimes. Ce qui rend ce piège si efficace, ce n'est pas le merveilleux goût de la cigarette, c'est son goût infect. Si cette première cigarette était délicieuse, cela éveillerait nos soupçons et nous, êtres intelligents, prendrions conscience des raisons qui poussent la moitié de la population adulte à s'empoisonner ainsi. Mais, puisque cette première cigarette nous laisse une si mauvaise impression, nous nous croyons assurés que nous n'en deviendrons jamais dépendants et sommes persuadés que, comme nous n'y trouvons pas de plaisir, nous pourrons arrêter quand bon nous semblera.

C'est la seule drogue qui vous empêche de réaliser

l'objectif qui vous a poussé à la prendre. Les garçons commencent en général parce qu'ils veulent avoir l'air viril – dans le style Humphrey Bogart ou Clint Eastwood. La dernière chose que vous ressentez, avec la première cigarette, est d'être un « dur » : vous n'osez pas avaler la fumée et, si jamais vous persistez, vous commencez par avoir des vertiges, et vous sentez malade. Ce que vous désirez avant tout, c'est vous éloigner des autres et vous débarrasser de cette saleté.

Pour les femmes, le but est d'apparaître moderne et sophistiquée. Nous les avons toutes vues tirer de petites bouffées de leur première cigarette, l'air absolument ridicule. Quand les garçons ont enfin appris à paraître durs, et les filles sophistiquées, tous regrettent d'avoir un jour commencé à fumer.

Nous passons alors le reste de notre vie à tenter de nous expliquer pourquoi nous avons commencé, à dissuader nos enfants de s'y mettre et, lorsque nous en avons le courage, à essayer d'échapper au piège.

Comme celui-ci est fort bien conçu, nous n'essayons d'arrêter que lors de périodes de stress dans notre vie, que ce stress concerne notre santé, un problème d'argent ou que, tout simplement, nous en ayons ras le bol de nous sentir esclaves. Alors, dès les premiers jours, notre stress augmente, ne serait-ce qu'à cause des angoisses dues au manque de nicotine, angoisses particulièrement redoutées des fumeurs. Le problème est que nous devons maintenant nous passer de ce sur quoi nous avions l'habitude de compter dans de telles situations (c'est-à-dire notre vieux soutien, la cigarette).

Après quelques jours de torture, nous décidons que le moment d'arrêter était trop mal choisi. Il nous faut en effet attendre une période sans stress pour pouvoir arrêter de fumer dans des conditions favorables. Et, dès qu'une telle occasion se présente, les raisons d'arrêter partent en fumée ! Souvent, même, cette période n'arrive jamais, parce que nous pensons que nos vies tendent inéluctablement à devenir de plus en plus stressantes. Aussitôt que nous quittons le giron familial, le processus naturel est de s'établir, d'emprunter de l'argent, d'avoir des enfants, de prendre de plus en plus de responsabilités professionnelles, etc. Cela est tout aussi illusoire : la vérité est que les années les plus stressantes de notre vie furent notre prime enfance et notre adolescence. Nous avons tendance à confondre responsabilités et stress. La vie des fumeurs devient automatiquement plus stressante, parce que le tabac ne les relaxe pas, parce qu'il n'élimine pas le stress comme la société veut nous le faire croire. C'est même le contraire : le tabac vous rend encore plus nerveux et plus stressé.

Chaque fumeur est comme un être perdu dans un labyrinthe géant. Dès que nous y entrons, notre esprit devient embrumé et nuageux et nous passons le reste de notre vie à essayer de nous en évader. Beaucoup d'entre nous y arrivent finalement, souvent pour retomber dans ce même piège quelque temps plus tard.

J'ai passé trente-trois ans de ma vie à essayer de trouver la sortie du labyrinthe. Comme tous les fumeurs, je n'y comprenais rien. Cependant, par un concours de circonstances inhabituelles, dont aucune ne doit être portée à mon crédit, j'ai cherché à savoir pourquoi il m'était pendant si longtemps apparu difficile d'arrêter et pourquoi je l'ai finalement fait avec autant de facilité et de plaisir.

Depuis que j'ai arrêté, mon hobby et plus tard ma profession ont été d'éluder les nombreux mystères associés à la cigarette. C'est un puzzle complexe et fascinant qui, comme le Rubik's Cube, est pratiquement impossible à résoudre. Cependant, comme tous les casse-tête, cela devient très facile lorsqu'on connaît la bonne méthode ! Je détiens la solution pour vous libérer sans difficulté de l'emprise de la cigarette. Je vous aiderai à trouver la sortie du labyrinthe et à vous assurer de ne plus jamais y retourner. Tout ce que vous avez à faire est de *suivre les instructions*. Le moindre faux pas, et le reste des instructions vous sera inutile.

Je maintiens que n'importe qui peut arrêter de fumer avec une grande facilité, mais nous avons d'abord besoin d'établir certains faits. Non, je ne parle pas des méfaits horribles du tabac. Je sais que vous les connaissez déjà et il y a, de toute façon, assez d'informations disponibles sur le sujet : si cela était déterminant pour arrêter, vous l'auriez déjà fait. Ce que je veux déterminer avant tout, c'est pourquoi nous trouvons difficile d'arrêter. Afin de fournir une réponse à ces questions, nous avons besoin de savoir pourquoi nous continuons à fumer.

CHAPITRE V

POURQUOI CONTINUONS-NOUS À FUMER ?

Nous commençons tous à fumer pour des raisons futiles, généralement par mimétisme, lors d'occasions sociales, mais, une fois que nous sommes pris au piège, pourquoi continuons-nous ?

Aucun fumeur ne sait pourquoi il fume. S'il connaissait la vraie raison, il ne fumerait plus. J'ai posé la question à des milliers de fumeurs lors de mes consultations. La vraie raison est identique pour chaque fumeur, mais la variété des réponses demeure infinie. Je trouve que cette étape de ma consultation est la plus amusante, mais en même temps une des plus pathétiques.

Tous les fumeurs savent au fond d'eux-mêmes qu'ils agissent comme des imbéciles. Ils savent très bien qu'avant de tomber sous l'emprise de la cigarette, ils n'avaient aucun besoin de fumer. Presque tous se rappellent que leur première cigarette avait un sale goût et qu'ils ont dû y mettre du leur pour devenir de vrais adeptes. L'aspect le plus ennuyeux est qu'ils sentent que les non-fumeurs ne perdent absolument rien et qu'ils se moquent même d'eux (surtout les jours *sans tabac*).

Cependant, comme les autres, les fumeurs sont des êtres humains intelligents et rationnels. Ils sont conscients de s'exposer à d'énormes risques pour leur santé et de dépenser une fortune en cigarettes au cours de leur vie. C'est pourquoi il leur apparaît nécessaire de trouver une explication rationnelle qui justifie leur habitude.

La véritable raison qui nous pousse à continuer à fumer est une combinaison subtile de deux facteurs que je développerai au cours des deux prochains chapitres. Ce sont :

1) la dépendance (physique) à la nicotine,

2) la dépendance psychologique : un véritable lavage de cerveau.

CHAPITRE VI

LA DÉPENDANCE À LA NICOTINE

Le tabac contient une drogue, la nicotine, un composant huileux et incolore auquel le fumeur doit sa dépendance. Dans l'état de nos connaissances, c'est la drogue sous l'emprise de laquelle on tombe le plus rapidement (oublions le crack...) ; une seule cigarette peut, dans certains cas, suffire.

Chaque bouffée d'une cigarette délivre au cerveau, par l'intermédiaire des poumons et des vaisseaux sanguins, une petite dose de nicotine dont l'action est encore plus rapide que celle de la dose d'héroïne qu'un drogué s'injecte dans les veines. Si vous tirez vingt bouffées de votre cigarette, ce seront vingt doses de drogue que vous recevrez avec cette seule cigarette.

La nicotine est une drogue à action très rapide. Une cigarette terminée, le taux dans le sang se réduit environ de moitié en moins de trente minutes et des trois-quarts en moins d'une heure. Cela explique que la consommation moyenne tourne autour de vingt cigarettes par jour. Dès que le fumeur éteint sa cigarette, la nicotine quitte rapidement son organisme et il recommence à ressentir l'angoisse du manque de nicotine.

Je dois désormais dissiper une illusion courante à propos de ces effets de manque. Les fumeurs assimilent ce manque au terrible traumatisme dont ils souffrent lorsqu'ils essaient, ou sont forcés, d'arrêter de fumer; ce traumatisme est avant tout mental; le fumeur se sent privé de son plaisir, de son soutien. Je reviendrai plus tard sur ce point.

En réalité, les vrais symptômes du manque de nicotine sont si légers que la plus grande partie des fumeurs ont vécu et sont morts sans même se rendre compte qu'ils étaient drogués. Quand nous utilisons la notion de *dépendance à la nicotine*, nous pensons simplement au fait de *tomber dans l'habitude de fumer*. La plupart des fumeurs tiennent les drogues en horreur et sont pourtant à proprement parler des drogués. Heureusement, il s'agit d'une drogue dont on peut se débarrasser très facilement, mais il faut d'abord accepter le fait qu'on est *drogué.*

Il n'y a pas de douleur physique dans les symptômes de manque de nicotine. Il s'agit seulement d'un sentiment de vide, d'inquiétude, du sentiment que quelque chose manque ; cela explique que tant de fumeurs assimilent le tabagisme au fait d'avoir à s'occuper les mains. Si cet état de manque se prolonge, le fumeur devient nerveux, agité, il perd son assurance et devient irritable. C'est comme si vous aviez faim – mais de poison, de nicotine.

Moins de sept secondes après que l'on a allumé une cigarette, la nicotine fraîche agit déjà et l'envie incontrôlée prend fin, engendrant ainsi ce sentiment de relaxation et de confiance que la cigarette procure au fumeur.

Durant nos premiers jours d'adepte, ces symptômes de manque et leur soulagement sont si infimes que nous ne sommes même pas conscients de leur existence. Lorsque nous commençons à fumer régulièrement, nous pensons qu'ils surviennent soit parce que nous sommes arrivés à apprécier réellement la cigarette, soit parce que nous en avons pris l'habitude. La vérité est que nous sommes déjà sous son emprise ; nous ne nous en rendons pas compte, mais ce petit monstre de nicotine est déjà installé à l'intérieur de notre estomac et il nous faut dorénavant le nourrir.

Nous commençons tous à fumer pour des raisons stupides. Personne n'y est obligé. La seule raison pour laquelle chacun continue, qu'il soit fumeur occasionnel ou permanent, c'est qu'il lui faut alimenter ce petit monstre.

Notre relation avec la cigarette met en évidence tout un ensemble de paradoxes. Tout fumeur a conscience d'être un imbécile et sait qu'il s'est fait avoir par quelque chose de diabolique. Je pense cependant que l'aspect le plus pathétique de la cigarette est que la satisfaction que le fumeur en retire est le plaisir de revenir à l'état de paix et de tranquillité de son corps avant qu'il ne tombe sous l'emprise du tabac.

Vous connaissez ce même sentiment lorsque la sirène d'alarme de votre voisin a sonné toute la journée. Lorsque le bruit s'arrête, vous ressentez soudainement un merveilleux sentiment de paix et de tranquillité. Il s'agit en fait moins de la paix que de la fin de l'agacement.

À l'âge où l'on rentre dans le cercle vicieux du tabac, le développement du corps est achevé, c'est-à-dire qu'il a atteint son état de complétude. Nous y introduisons alors de force une dose de nicotine. Dès la fin d'une cigarette, la nicotine commence à quitter notre corps et nous ressentons alors les premiers symptômes du manque – pas une véritable douleur, juste un sentiment de vide. Nous n'en sommes même pas conscients, mais la nicotine agit comme un robinet qui coule goutte à goutte dans notre organisme. Nos esprits rationnels ne le comprennent pas. Ils n'en ont pas besoin. Tout ce que nous savons est que nous avons besoin d'une cigarette ; lorsque nous l'allumons, l'envie disparaît et nous redevenons durant quelques minutes satisfait et sûrs de nous comme nous l'étions avant de devenir fumeur. Cette satisfaction n'est que temporaire car, afin de soulager cette envie, vous devez fournir plus de nicotine à votre corps. Dès que la cigarette est éteinte, l'envie vous reprend et la boucle est bouclée. C'est une chaîne pour la vie – **sauf si vous la brisez**.

On peut comparer le tabagisme au fait de porter des chaussures trop petites juste pour ressentir le plaisir de les enlever. Il y a trois raisons principales pour lesquelles les fumeurs ne voient pas les choses sous cet aspect :

1 Il n'y a pas de douleur physique identifiable, cela n'est qu'une impression.
2 La drogue agit par son absence. C'est pourquoi il est difficile de se débarrasser de n'importe quelle drogue. C'est lorsque vous ne fumez pas que vous souffrez : vous ne considérez donc pas la cigarette comme responsable. Lorsque vous l'allumez, elle vous soulage immédiatement : ainsi, vous êtes complètement dupé, assimilant la cigarette à quelque plaisir ou soutien.
3 Nous sommes soumis depuis notre naissance à un lavage de cerveau incroyable. Avant de commencer à fumer, nous ignorons ce besoin ; nous acceptons pourtant, sans scrupule ni surprise, au terme d'un difficile processus d'apprentissage, que la cigarette nous fournisse un soutien (une *béquille*) ou même un plaisir. Nous n'envisageons même plus de remettre cet état de fait en question. Nous comptons maintenant parmi l'*heureux* groupe des fumeurs.

On peut profiter de l'occasion pour dissiper d'autres illusions qui courent à propos du tabagisme. Ce n'est pas une *habitude*! Nous contractons toutes sortes d'habitudes au cours de notre vie, dont certaines très agréables. Si le tabagisme se limitait à une habitude, nous devrions, à cause des multiples inconvénients qu'il présente (en particulier son mauvais goût, le danger pour notre santé, son coût sans cesse plus grand, le simple fait que nous soyons conscients que c'est dégoûtant et que nous aimerions nous en débarrasser...), nous arrêter sans aucun problème. Pourquoi trouvons-nous cela si difficile ? La réponse est qu'il ne s'agit pas d'une habitude, mais d'une dépendance à l'égard d'une drogue. Nous nous efforçons d'apprendre à vivre avec elle. Mais avant d'être conscients de cela, nous achetons des cigarettes régulièrement et elles nous sont indispensables. La panique nous envahit lorsque nous n'en avons plus, et, progressivement, notre consommation s'accroît au fil des mois.

Comme pour toutes les drogues, cette augmentation est due au fait que notre corps tend à s'immuniser contre la nicotine. Après une assez courte période, la cigarette cesse de soulager complètement les manques qu'elle crée ; ainsi, en allumant une cigarette, vous vous sentez mieux que quelques instants auparavant, mais vous êtes en fait bien moins détendu que si vous n'aviez jamais fumé, cela même lorsque vous avez la cigarette à la bouche. Ce phénomène est encore plus ridicule que le fait de porter des chaussures trop étroites, parce que ici persiste une douleur sans cesse croissante, même lorsque vous ne portez plus les chaussures. Cette situation est encore pire car, lorsque la cigarette est éteinte, la nicotine s'évacue rapidement de l'organisme et, dans des situations de stress, le fumeur a par conséquent tendance à fumer cigarette sur cigarette.

L'habitude n'existe pas. La véritable raison pour laquelle le fumeur continue d'endurer son calvaire est ce petit monstre logé à l'intérieur de son estomac. Il doit maintenant le nourrir. C'est le fumeur lui-même qui décide du moment où il le fera ; ce sera à l'occasion de quatre types de situations ou d'une combinaison entre elles. Ces situations sont :

L'ennui / la concentration :
   deux situations radicalement opposées !

Le stress / la décontraction :
   deux situations radicalement opposées !

Quelle drogue magique peut soudainement avoir l'effet inverse de celui qu'elle avait quelques minutes plus tôt ? Si vous y réfléchissez, quels autres types de situations y a-t-il dans votre vie, à part le sommeil ? La vérité est que la cigarette ne soulage ni l'ennui ni le stress, pas plus qu'elle ne favorise la concentration ou la relaxation. Ce n'est qu'illusion.

La nicotine n'est pas seulement une drogue, elle est également un poison très puissant, particulièrement utilisé dans les insecticides (regardez donc dans le dictionnaire). Si la nicotine que contient une seule cigarette vous était directement injectée dans les veines, elle vous tuerait. En fait, la cigarette fournit d'autres poisons, comme le monoxyde de carbone.

Dans le cas où vous envisageriez de passer à la pipe ou au cigare, sachez que le contenu de ce livre s'applique à toutes les formes de tabagisme.

Le corps humain est certainement l'organisme le plus sophistiqué de notre planète. Aucune espèce animale, même le ver de terre ou l'amibe la plus obscure, ne peut survivre sans faire la différence entre nourriture saine et poison. À travers un processus de sélection naturelle qui a duré des milliers d'années, notre organisme et notre esprit ont appris à faire la distinction et à se débarrasser du poison.

L'odeur et le goût de la cigarette répugnent à tous les êtres humains avant qu'ils ne tombent sous l'emprise de la cigarette. Si vous soufflez de la fumée de tabac au visage de n'importe quel animal ou de n'importe quel enfant (avant qu'il ne soit accoutumé), il toussera et crachera.

Lorsque nous avons fumé cette première cigarette,

l'inhalation de la fumée nous a fait tousser. Nous avons néanmoins continué de fumer, au point de ressentir un sentiment de nausée ou même d'être malades. C'était notre organisme qui nous avertissait : « **Arrête, c'est du poison !** » C'est à cet instant capital que, souvent, se décide si nous deviendrons fumeurs ou non. Il est complètement faux de dire que seuls les individus physiquement ou mentalement faibles deviennent fumeurs. Les chanceux, ce sont ceux que cette première expérience aura convaincus de ne pas continuer ; physiquement, leurs poumons ne peuvent supporter ce traitement et ils sont guéris à vie. À moins que, autre possibilité, ils ne soient pas mentalement préparés à subir ce sévère apprentissage : essayer d'inhaler sans tousser.

Pour moi, c'est ça le plus tragique : la force avec laquelle on s'évertue à devenir accro. C'est pour cela qu'il est très difficile d'arrêter les adolescents. Parce qu'ils sont encore en train d'apprendre à fumer, parce qu'ils trouvent encore les cigarettes dégoûtantes, ils pensent pouvoir arrêter dès qu'ils le voudront. Pourquoi ne veulent-ils pas nous écouter ? Pourquoi ne voulions-nous pas écouter nos parents ?

De nombreux fumeurs pensent qu'ils aiment le goût et l'odeur du tabac. Ce n'est qu'une illusion. En effet, tout ce que nous faisons lorsque nous apprenons à fumer, c'est habituer notre organisme à s'immuniser contre ce mauvais goût et cette odeur afin que nous puissions avoir notre *dose*, comme l'héroïnomane qui trouve agréable de se faire une piqûre. Les symptômes de manque à l'héroïne sont extrêmement sévères et ce que le drogué apprécie, en fait, c'est le rituel par lequel il soulage ces manques.

Le fumeur apprend à surmonter les réactions de son corps aux effets de la fumée, afin d'avoir sa dose. Demandez à n'importe quel fumeur qui pense ne fumer que pour le plaisir s'il se retient de fumer lorsque, n'ayant plus de cigarette de sa marque habituelle, il n'a à sa disposition qu'une marque dont il a horreur. Les fumeurs préfèrent fumer de la vieille corde pourrie plutôt que de s'abstenir ; ils se satisferont de cigarettes roulées, mentholées, de cigares ou d'une pipe ; au début le goût est infect, mais, en persévérant, on apprend à l'aimer. Certains continuent même de fumer alors qu'ils souffrent d'un rhume, de la grippe, d'un mal à la gorge, d'une bronchite ou d'un emphysème.

Le plaisir n'a rien à voir avec ça. Si c'était le cas, personne ne fumerait plus d'une cigarette. On compte même des milliers d'ex-fumeurs accros à ces fameux chewing-gums à la nicotine que leur médecin leur a prescrits, et beaucoup d'entre eux fument toujours.

Pendant mes consultations, certains patients, effrayés à l'idée d'être des drogués, pensent que le savoir leur rendra la tâche encore plus difficile. En fait, cette prise de conscience est de très bon augure, et cela pour les deux raisons suivantes :

1 La raison pour laquelle beaucoup d'entre nous continuons à fumer est que, bien que nous sachions que les inconvénients surclassent les avantages, nous croyons qu'il y a quelque chose dans la cigarette qui nous plaît ou que c'est pour nous une sorte d'aide. Notre sentiment est qu'après avoir arrêté de fumer nous ressentirons une sorte de vide, que certaines situations de notre vie ne seront plus jamais les mêmes. C'est une illusion. La vérité est que la cigarette n'apporte rien ; elle ne fait que retirer, puis rendre partiellement, pour créer l'illusion. Je reviendrai sur ce détail dans un chapitre ultérieur.

2 Bien que ce soit la drogue la plus puissante par la rapidité avec laquelle on y succombe, son emprise n'est jamais très forte. Comme c'est une drogue d'action très rapide, il suffit de trois semaines pour que 99 % de la nicotine évacue l'organisme et les symptômes de manque sont pratiquement insignifiants ; comme je l'ai dit, certains ont même vécu le sevrage du tabac sans en avoir jamais souffert.

Vous me demanderez alors, à juste titre, pourquoi tant de fumeurs trouvent si difficile d'arrêter, pourquoi ils ont à supporter des mois de torture et passent le reste de leur vie à rêver de temps en temps d'une cigarette. La réponse réside dans la seconde raison pour laquelle nous fumons – *le lavage de cerveau*. La dépendance chimique demeure facile à supporter.

La grande majorité des fumeurs passent la nuit sans une seule cigarette. Les effets du manque de nicotine ne les réveillent même pas.

La plupart d'entre eux quittent même leur chambre le matin avant d'allumer leur première cigarette ; certains attendent même d'arriver sur leur lieu de travail. Ils peuvent ainsi rester dix heures sans souffrir d'un quelconque sentiment de manque, mais s'ils devaient s'abstenir dix heures pendant la journée, ils s'arracheraient les cheveux.

Ils sont capables, lorsqu'ils achètent une voiture neuve, de s'abstenir de fumer à l'intérieur sans la moindre difficulté. Ils se rendent au théâtre, au supermarché, à l'église, etc., sans être gênés de ne pas pouvoir y fumer. Même dans les transports en commun, les gens respectent l'interdiction. Ils sont souvent ravis que quelqu'un ou quelque chose les empêche de fumer.

Beaucoup s'abstiennent automatiquement, chez les non-fumeurs ou, dans une moindre mesure, en leur compagnie, sans en être vraiment incommodés. En fait, beaucoup supportent sans difficulté de longues périodes d'abstinence. Lorsque je fumais, il m'arrivait de passer une soirée agréable sans fumer une seule cigarette. Les dernières années, j'attendais même avec impatience ces soirées où je pourrais arrêter quelques instants de m'étouffer moi-même (quelle habitude vraiment ridicule !).

La dépendance chimique est donc facile à supporter, même lorsque vous êtes toujours sous son emprise. Des milliers de fumeurs restent toute leur vie des fumeurs occasionnels. Ils sont tout aussi accros que les grands fumeurs. Certains grands fumeurs qui ont pourtant arrêté fument encore ce cigare occasionnel qui les maintient dépendants.

Ainsi, la véritable dépendance à la nicotine n'est pas le problème principal. Elle agit comme un catalyseur pour détourner notre esprit du vrai problème, le lavage de cerveau.

Ce devrait être une consolation pour les authentiques fumeurs de savoir qu'il leur est tout aussi facile d'arrêter que pour les fumeurs occasionnels. Paradoxalement, c'est même plus facile. Plus vous êtes habitué, plus votre dépendance vous enchaîne et meilleur sera le sentiment de délivrance quand vous arrêterez.

Cela devrait être une consolation de plus de savoir que les rumeurs qui circulent *(cela prend sept ans pour que votre organisme retrouve son état normal, chaque cigarette, c'est cinq minutes de vie en moins...)* ne sont pas fondées.

Ne croyez pas qu'on a délibérément exagéré la nocivité du tabac. Elle est plutôt tristement sous-estimée, mais la vérité est que la règle des cinq minutes est une estimation qui, bien évidemment, ne s'applique que si vous contractez une des maladies mortelles liées au tabagisme ou si vous encrassez vos poumons à tel point qu'ils ne fonctionnent plus.

En fait, votre corps ne retrouve jamais son état original. Il suffit, par exemple, qu'il y ait des fumeurs dans leur entourage pour que les non-fumeurs reçoivent une petite dose. Cependant, notre corps est une incroyable machine dotée d'une énorme faculté de récupération, en supposant évidemment que nous n'avons rien contracté d'irréversible. Si vous arrêtez maintenant, votre corps récupérera en quelques semaines, presque comme si vous n'aviez jamais fumé.

Il n'est donc jamais trop tard pour arrêter. J'ai aidé à la guérison de nombreux fumeurs qui avaient atteint la cinquantaine, certains d'entre eux étant même âgés de plus de quatre-vingts ans. Récemment, j'ai eu comme patients une femme de quatre-vingt-onze ans et son fils de soixante-cinq ans. Quand je lui ai demandé pourquoi elle voulait arrêter de fumer, cette dame m'a répondu qu'elle voulait montrer l'exemple à son fils.

Plus la cigarette vous atterre, plus grand sera le soulagement. Lorsque j'ai finalement arrêté, je suis passé instantanément de cent à zéro cigarette par jour sans ressentir le moindre manque. C'était réellement très agréable, même pendant la période de sevrage.

Avant d'en arriver là, il est important de supprimer ce lavage de cerveau.

CHAPITRE VII

LE LAVAGE DE CERVEAU ET LE PARTENAIRE ENDORMI

Comment et pourquoi nous mettons-nous à fumer ? Pour bien en comprendre les raisons, il nous faut examiner les puissants effets du subconscient, celui que j'appelle le *partenaire endormi*.

Nous nous croyons tous des êtres humains intelligents et responsables, choisissant librement notre chemin dans la vie. En fait, 99 pour 100 de notre attitude nous est dictée depuis notre naissance. Nous ne sommes qu'un pur produit de la société dans laquelle nous avons été élevés – nos vêtements, nos habitations, nos schémas de vie, même les sujets sur lesquels nous affichons certaines différences (par exemple les opinions politiques). Il n'est pas étonnant que les militants des partis de gauche aient tendance à provenir de milieux ouvriers, et inversement. Le subconscient a une très puissante influence sur nos vies et des millions de personnes peuvent être trompées même sur des faits que l'on croit établis. Avant la découverte de Christophe Colomb, l'immense majorité des gens étaient persuadés que la terre était plate. Nous savons aujourd'hui qu'elle est (presque) ronde. Je pourrais écrire une dizaine d'ouvrages montrant qu'elle est plate : je ne persuaderais plus personne. Pourtant, combien d'entre nous sont allés dans l'espace pour s'en assurer ? Même si vous avez voyagé en avion ou en bateau autour de la terre, qu'est-ce qui vous rend si sûr que vous ne décriviez pas un cercle sur une surface plate ?

Les professionnels de la publicité maîtrisent le pouvoir de manipulation du subconscient, d'où le nombre incroyable d'affiches que nous rencontrons, d'où la proportion ahurissante de publicité dans les magazines. Pensez-vous que ce soit une perte d'argent ? Pensez-vous que cela ne vous fait pas acheter ? Vous vous trompez ! Essayez donc vous-même. La prochaine fois que vous allez dans un café ou un restaurant lorsqu'il fait froid, et que vos compagnons vous demandent ce que vous voulez boire, au lieu de demander « *un cognac* » (ou autre), insistez en disant : « *Savez-vous ce qui me ferait vraiment plaisir ? Un bon vieux cognac pour me réchauffer.* » Vous verrez que même ceux qui n'apprécient pas le cognac vous suivront.

Dès notre plus jeune âge, notre subconscient est quotidiennement informé que les cigarettes nous relaxent et nous procurent courage et confiance en nous et que la chose la plus précieuse sur terre est une cigarette. Vous pensez que j'exagère ? Le constat est frappant en ce qui concerne les démonstrations artistiques, liées de près ou de loin à l'audiovisuel. Lorsque vous voyez un dessin animé, un film ou autre pièce de théâtre, et que quelqu'un est sur le point d'être exécuté, quelle est sa dernière requête ? C'est bien ça, une cigarette. Ce genre de suggestion n'agit pas sur notre esprit conscient, mais notre subconscient, le partenaire endormi, a tout le temps de l'assimiler. *La chose la plus précieuse sur terre, ma dernière pensée et ma dernière action seront de fumer une cigarette.* Dans tous les films de guerre, les blessés ont droit à leur cigarette, même s'il ne leur reste plus un morceau de mâchoire pour la tenir.

Vous pensez que les choses ont récemment changé ? Non, nos enfants sont harcelés par un matraquage permanent, publicitaire ou non. La publicité pour les cigarettes est aujourd'hui officiellement bannie de la télévision et pourtant, aux heures de grande écoute, les joueurs en vogue, les meilleurs musiciens ou autres artistes sont toujours avec une cigarette à la bouche. Les programmes sont habituellement sponsorisés par les géants du tabac et c'est la plus sinistre tendance de la publicité actuelle : le lien entre les événements sportifs et les marques de tabac. Des écuries de formule 1 sont sponsorisées par certaines marques de cigarettes et vont même jusqu'à en porter le nom – ou est-ce l'inverse ? Un certain spot publicitaire, à la télévision anglaise, montre même un couple au lit partageant une cigarette après l'amour. Les implications sont évidentes. On ne peut qu'admirer l'œuvre de l'agence publicitaire d'une compagnie britannique. Pas pour ses desseins, mais pour la qualité de sa campagne : un homme fait face à la mort ou à un désastre – son ballon dirigeable est en feu et va s'écraser, ou bien le side-car de sa moto va tomber dans un ravin, ou encore le bateau de Christophe Colomb est sur le point de tomber du bord du monde. Pas un mot. Juste une musique douce. Il allume alors un cigare de cette marque ; un air de béatitude inonde son visage. Notre conscient n'est peut-être pas au courant de l'impact de cette publicité, mais le partenaire endormi en nous digère patiemment ses implications évidentes.

Il est vrai qu'il y a également une publicité en sens inverse – la peur du cancer, l'amputation des jambes, les affections de la gorge –, mais elle n'empêche absolument pas les gens de fumer. Logiquement, elle devrait, néanmoins ce n'est pas le cas. Les mises en garde sur les dangers de la cigarette sont maintenant si visibles qu'il est impossible au fumeur de les ignorer. Pourtant, elles n'empêchent pas les jeunes de commencer. Toutes les années où je fumais, je croyais sincèrement que je n'aurais jamais fumé si j'avais connu le lien évident entre cancer du poumon et cigarette. La vérité est que cela ne change absolument rien. Le piège est toujours identique à ce qu'il était il y a trente ans. Toutes les campagnes antitabac n'ont fait que rajouter à la confusion. Même les paquets, ces adorables paquets brillants qui vous persuadent d'engloutir leur contenu, font explicitement état de leur nocivité. Qui lit ces avertissements et en accepte totalement les conséquences ?

Un des plus grands fabricants de cigarettes utilise même cette peur pour en faire le thème central d'une publicité sur le marché britannique. Cette publicité, que nous ne connaissons pas en France, établit un parallèle entre la peur du fumeur (symbolisée par diverses créatures effrayantes) et le paquet de cigarettes. Par association d'idées, on suggère au fumeur que ce paquet l'aide à combattre cette peur.

Ironiquement, la force la plus puissante dans ce lavage de cerveau est le fumeur lui-même. Dire que les fumeurs n'ont pas de volonté et qu'ils sont physiquement faibles est une erreur de taille. Il vous faut être physiquement très fort pour combattre ce poison.

C'est une des raisons pour lesquelles les fumeurs n'acceptent pas les statistiques accablantes qui prouvent que le tabac détruit la santé. Tout le monde peut ainsi citer tel oncle René qui fumait deux paquets par jour, qui a vécu quatre-vingt-dix ans et qui n'a jamais eu le moindre ennui de santé. Ils refusent de considérer les centaines d'autres fumeurs fauchés avant même la soixantaine et le fait que l'oncle René lui-même serait peut-être toujours vivant s'il n'avait pas fumé.

Faites un petit sondage parmi vos amis et collègues, vous verrez que la majorité des fumeurs sont des gens dotés d'une forte volonté. Il s'agit souvent de travailleurs indépendants, de cadres, exerçant certains types spécifiques de professions – citons, pêle mêle, médecins, avocats, policiers, professeurs, commerciaux, infirmières, secrétaires, femmes au foyer avec des enfants à élever..., en d'autres termes toute activité particulièrement stressante. La principale idée fausse qu'ont les fumeurs est que la cigarette calme le stress. Ils tendent ainsi à l'associer aux *battants*, à ceux qui sont confrontés à de grandes responsabilités et à un stress quotidien. Évidemment, chacun admire ce genre de personnes et tend, pour leur ressembler, à les imiter. D'autres professions particulièrement exposées sont celles où l'activité est monotone, car l'ennui est une autre situation propice au tabagisme. J'ai bien peur que ce ne soit là encore qu'une illusion.

L'étendue du lavage de cerveau est incroyable. Notre société condamne et méprise fortement ceux qui *sniffent* de la colle, ceux qui prennent de l'héroïne ou qui s'adonnent à toute autre substance considérée comme une drogue. Or, dans notre pays, les décès par inhalation de vapeurs de *trichlo* ne dépassent pas la dizaine par an, et ceux par overdose d'héroïne avoisinent la centaine.

Il existe une autre drogue, la nicotine, qui a touché plus de 60 % d'entre nous à un moment ou un autre et dont beaucoup, toujours accros, paieront le prix fort tout le reste de leur vie. La plupart de leurs économies passent dans la cigarette et des centaines de milliers de personnes voient chaque année leur vie ruinée parce qu'elles sont un jour tombées dans le piège. C'est là le tueur numéro un de la société occidentale, précédant même les accidents de la route.

Pourquoi regardons-nous le *shoot* au trichlo ou à l'héroïne comme des pratiques diaboliques, alors que la drogue pour laquelle le plus d'argent est dépensé et qui tue véritablement en masse était considérée, il y a quelques années encore, comme une pratique sociale parfaitement admise ? Certes, la cigarette est depuis peu considérée comme légèrement antisociale et nuisible à la santé, mais elle reste légale et en vente en paquets chez n'importe quel buraliste, dans chaque café, bar, club ou restaurant. Le bénéficiaire numéro un est notre gouvernement britannique qui amasse 5 milliards de livres sterling par an grâce à la vente de cigarettes. Les compagnies de tabac dépensent chaque année 100 millions de livres uniquement en publicité.

Il faut commencer à élaborer une tactique de résistance à ce lavage de cerveau, exactement comme si vous vouliez acheter une voiture d'occasion ; acquiescez poliment, mais ne croyez pas un mot de ce qu'on vous raconte.

Regardez d'abord, derrière ces paquets brillants, la saleté et le poison qui s'y cachent. Ne vous laissez pas avoir par ces jolis cendriers en verre ou ces briquets en or, ni par ces millions de personnes qui se sont fait avoir avant vous. Commencez par vous demander :

Pourquoi fais-je ça ?

Est-ce que j'en ai vraiment besoin ?

Non, évidemment.

Je pense que ce conditionnement est la partie la plus difficile à expliquer. Pourquoi une personne intelligente et rationnelle devient-elle parfaitement stupide à propos de sa relation avec la cigarette ? Cela me fait mal de confesser ça à tous les patients que je reçois, mais j'étais le plus stupide de tous.

Mon père était, lui aussi, un fumeur immodéré. C'était un homme robuste, fauché avant la cinquantaine à cause de la cigarette. Je me souviens de lui alors que j'étais un jeune garçon. Il toussait et crachait dès le matin ; je voyais bien qu'il souffrait et il était évident que quelque chose de diabolique avait pris possession de lui. Je me vois encore disant à ma mère : « *Ne me laisse jamais devenir fumeur !* »

Adolescent, j'étais un fana de culture physique. Le sport était toute ma vie et j'étais courageux et confiant en l'avenir. Si quelqu'un m'avait alors dit que je finirais par fumer cinq paquets par jour, j'aurais parié toutes mes économies et mis ma tête à couper que ce n'était pas vrai.

À quarante ans, j'étais complètement accro à la cigarette. J'en étais au point où je ne pouvais plus effectuer le moindre acte physique ou mental sans d'abord en allumer une. Avec la plupart des fumeurs, ce sont les stress normaux de la vie qui agissent comme catalyseurs, comme le fait de répondre au téléphone ou à une invitation. En ce qui me concerne, je ne pouvais même pas changer de chaîne de télévision ou allumer une lampe sans allumer auparavant une cigarette.

Je savais que cela me tuait. Il m'était impossible de ne pas voir la vérité en face. En revanche, je ne parviens toujours pas à comprendre comment je pouvais ignorer l'impact que cela avait sur mon mental. C'était tellement évident ! Ce qui est ridicule, c'est que beaucoup de fumeurs souffrent à un moment de leur vie de l'illusion qu'ils aiment la cigarette. Cela n'a jamais été mon cas. Je pensais que cela m'aidait à me concentrer et que cela me calmait. Maintenant que je ne fume plus, le plus difficile est de croire que tout cela a bel et bien existé. C'est comme si l'on se réveillait au milieu d'un cauchemar – et la comparaison n'est pas exagérée. La nicotine est une drogue et vos sens sont affectés – votre goût, votre odorat... Mais le pire dans la cigarette, ce ne sont pas les conséquences pour votre santé ou votre portefeuille, c'est la *manipulation de votre esprit*. Vous trouvez n'importe quelle excuse pour continuer à fumer.

J'ai, à une certaine époque, fumé la pipe, après qu'une tentative pour arrêter la cigarette eut échoué. Je pensais que cela serait moins nocif et m'aiderait à réduire ma consommation.

Certains tabacs à pipe sont absolument infects. Leur arôme peut quelquefois être agréable, mais ils sont, au début, toujours épouvantables à fumer. Je me souviens avoir eu, pendant les trois premiers mois, le bout de la langue complètement brûlé. Lorsqu'on fume, un jus noirâtre s'accumule au fond du fourneau. S'il vous arrive, par distraction, d'incliner un peu trop la pipe, le niveau du fourneau dépasse l'horizontale ; avant que vous ne vous en soyez aperçu, vous avez avalé une pleine lampée de ce jus infect. Le résultat, ce sont des vomissements, quelle que soit la compagnie en laquelle vous vous trouvez.

Il m'a fallu trois mois pour apprendre à fumer la pipe

correctement et je n'arrive pas à comprendre comment, durant ces trois mois, je n'ai pas même pris le temps de me demander pourquoi je m'infligeais ce terrible traitement.

Bien sûr, une fois cette épreuve passée, le fumeur de pipe a l'air du plus heureux des hommes. La plupart d'entre eux sont convaincus qu'ils fument parce qu'ils aiment la pipe. Pourquoi, en ce cas, ont-ils accepté ce supplice pour en arriver là, alors qu'ils étaient parfaitement heureux auparavant ?

La réponse est que, une fois que vous êtes sous l'emprise de la nicotine, le lavage de cerveau s'intensifie. Notre subconscient sait que le petit monstre doit être nourri et il ignore tout le reste. C'est bien la peur qui fait continuer les gens à fumer, la peur de ce sentiment de vide et d'insécurité qui s'empare de vous lorsque vous manquez de nicotine. Le fait que vous n'en soyez pas conscient ne signifie pas qu'il n'existe pas. Vous n'avez pas plus besoin de le comprendre que le chat n'a besoin de comprendre comment fonctionne un radiateur ; il sait que, s'il s'assied à un certain endroit, il recevra de la chaleur.

La principale difficulté lorsqu'on veut arrêter de fumer est due à l'ampleur du lavage de cerveau. Le lavage de cerveau que nous fait subir l'éducation sociale, renforcé par celui que nous inflige l'expérience de cette drogue et enfin, le plus fort de tous, le lavage de cerveau dû à nos amis, nos parents et nos collègues.

La seule chose qui nous incite à fumer une première fois est que les autres le font : nous avons l'impression de manquer quelque chose. Nous travaillons dur pour finalement tomber sous l'emprise de la cigarette, et pourtant personne n'est jamais arrivé à expliquer ce qu'il lui manquait avant de fumer. Chaque fumeur que nous voyons nous rassure ; le tabac doit effectivement apporter quelque chose, sinon pourquoi fumerait-il ? Et, lorsqu'on a arrêté, on ressent ce sentiment de privation lorsqu'on voit quelqu'un allumer une cigarette lors d'une quelconque occasion mondaine. On se sent sûr de soi et l'on imagine pouvoir alors s'en autoriser une, juste une. Avant même de s'en apercevoir, on s'est de nouveau fait berner.

Ce lavage de cerveau est si puissant qu'il affecte totalement notre vision du monde. La radio anglaise diffusait, juste après la guerre, un programme très populaire concernant un détective, Paul Temple ; un épisode a abordé le sujet de l'accoutumance à la marijuana, communément appelée *herbe*. Des trafiquants vendaient, à l'insu des fumeurs, des cigarettes contenant de l'herbe. Il n'y avait pas d'effet nocif, mais certaines personnes qui en avaient fumé devinrent dépendantes (lors de mes consultations, des centaines de patients m'ont avoué avoir fumé de l'herbe : aucun d'entre eux n'en est devenu dépendant). J'avais sept ans lorsque ce programme a été diffusé. C'était la première fois que j'entendais parler de la drogue. Ce concept de dépendance, cette nécessité de devoir absolument avoir sa dose, m'a rempli d'horreur et, à ce jour, bien que je sois convaincu que l'herbe n'est pas une drogue, je n'ose pas fumer la moindre brindille de marijuana. Quelle ironie que je sois devenu un adepte de la drogue numéro un dans le monde. Si seulement ce détective avait pu me mettre en garde contre les cigarettes ! Quelle ironie de constater que l'on consacre depuis des années des sommes considérables à la recherche sur le cancer, mais que l'on dépense encore plus d'argent pour persuader les adolescents de se laisser avoir par cette saleté de tabac.

Il faut ainsi absolument supprimer ce conditionnement. Remettons les choses à leur place : ce n'est pas le non-fumeur qui se trouve frustré, mais le pauvre fumeur, qui manque une existence pleine...

de santé,
d'énergie,
de richesse,

**de paix de l'esprit,
de confiance,
de courage,
de respect de soi,
de bonheur.**

Et que gagne le fumeur en échange de ces terribles sacrifices ? **Absolument rien** – sinon l'illusion d'essayer de revenir à l'état de paix, de tranquillité et de confiance dont chaque non-fumeur profite en permanence.

CHAPITRE VIII

SOULAGER CET ÉTAT DE MANQUE

Les fumeurs pensent qu'ils fument pour le plaisir, pour se détendre ou pour se donner du courage. Ce n'est, comme je le répète, qu'une illusion. La véritable raison est qu'il faut soulager cet état de manque.

Au début, la cigarette nous sert d'artifice social. Qu'on y succombe ou non, le subtil engrenage est en route. Notre subconscient commence à apprendre que dans certaines occasions particulières la cigarette peut être agréable.

Au fur et à mesure que nous tombons sous l'influence de la drogue, le besoin de soulager ce manque augmente ; plus la cigarette vous rabaisse et plus vous tendez à croire qu'elle fait le contraire. Ce mécanisme est si lent et si graduel que vous ne vous apercevez pas de son évolution. Vous vous sentez chaque jour exactement comme le jour précédent. Beaucoup ne se rendent compte de leur dépendance que le jour où ils essaient d'arrêter. Et même là, certains refusent toujours de l'admettre. Certains s'y refusent même toute leur vie, essayant de se convaincre et de convaincre les autres que la cigarette est un plaisir.

Voici une conversation que j'ai eue, à quelques mots près, avec une centaine d'adolescents fumeurs :

« *Te rends-tu compte que la nicotine est une drogue et que la seule raison pour laquelle tu fumes est que tu ne peux pas arrêter ?*
– *N'importe quoi ! Ça me plaît. Sinon, j'arrêterais.*
– *Alors arrête juste une semaine pour me prouver que tu dis vrai.*
– *Pas la peine ; ça me plaît. J'arrêterais si je le voulais.*
– *Arrête une semaine pour te prouver que tu n'es pas accro.*
– *Je fume parce que ça me plaît...* »

Les fumeurs ont tendance à soulager leur manque lors de moments de stress, d'ennui, de concentration, de détente ou lors d'une combinaison de ces facteurs. Les chapitres suivants traitent de ces points en détail.

CHAPITRE IX

LE STRESS

Je ne fais, ici, pas seulement allusion aux grandes tragédies de l'existence. J'entends aussi tous les stress mineurs que sont les appels téléphoniques, les relations sociales, les contrariétés de la femme au foyer, celles du monde professionnel...

Prenons le cas typique de la conversation téléphonique. Pour beaucoup, le téléphone est générateur de stress, particulièrement pour les professions à caractère commercial. La plupart des appels émanent, en effet, de clients insatisfaits... Votre chef ne vous appelle pas uniquement pour vous féliciter. En bref, il y a généralement quelque chose qui ne va pas, quelque mauvaise nouvelle ou situation que vous redoutez. Alors, à ce moment précis, le fumeur allumera une cigarette s'il n'en a pas déjà une à la bouche. Il se dit que cette cigarette va l'aider, sans vraiment savoir en quoi. Souvent, il n'a même pas conscience de l'allumer.

Voici ce qui se passe, en réalité. Sans en être conscient, le fumeur, avant même l'appel téléphonique, souffre déjà d'un stress, celui dû au manque de nicotine. Ce stress a beau être pratiquement imperceptible, le fumeur est dans un état d'insatisfaction et de nervosité. L'appel déclenche alors un stress supplémentaire, augmentant ainsi le stress global. Le fait d'allumer la cigarette élimine le stress inhérent au manque de nicotine et, par conséquent, le fumeur se sent mieux. Ce sentiment d'amélioration n'est pas une illusion. Il existe réellement : les symptômes de manque ont cessé et le fumeur se sent effectivement soulagé. Le passage d'un état de fort stress à un état de stress moindre est bien réel ; il est incontestablement attribuable à la cigarette. Le problème est que la cigarette n'a fait qu'éliminer le stress dû au manque de nicotine en vous redonnant ainsi de l'assurance. Sa force est telle que nous croyons qu'elle diminue le stress dû au coup de fil, et c'est là que l'illusion s'installe. Même lorsqu'il fume, le fumeur reste plus stressé que s'il n'avait jamais fumé ; plus vous vous engagez dans la drogue, plus elle vous écrase et plus elle vous éloigne de l'état de plénitude du non-fumeur. Et même si chaque cigarette allumée vous soulage à l'instant, l'effet de ce soulagement va en s'amenuisant. Au bout du compte l'effet de la cigarette, même s'il apparaît bénéfique, ne suffit plus à vous soulager complètement.

Je vous ai promis que ce livre ne vous proposerait pas un traitement de choc. Dans l'exemple qui suit, je ne cherche pas de démonstration spectaculaire, je veux simplement montrer que la cigarette détruit les nerfs plutôt qu'elle ne les calme.

Essayez d'imaginer que vous en arrivez au point où un médecin vous dit qu'il devra vous couper les deux jambes si vous n'arrêtez pas immédiatement de fumer. Essayez juste un instant d'imaginer ce que serait votre vie sans vos deux jambes. Et l'état d'esprit de celui qui, après un tel avertissement, continue de fumer et perd effectivement ses deux jambes.

Je considérais de telles histoires comme alarmistes. En fait, j'espérais qu'un médecin me tiendrait ce genre de propos ; car je pensais que j'aurais alors arrêté. En même temps, je m'attendais à avoir, d'un jour à l'autre, une hémorragie cérébrale et ainsi à perdre non pas les jambes, mais la vie. Je ne me considérais pourtant pas comme suicidaire, je pensais seulement être un grand fumeur.

De telles histoires n'ont rien d'alarmiste. Ce n'est que la réalité de cette drogue affreuse, qui vous retire progressivement votre tonus et votre courage. Et, plus elle annihile votre courage, plus elle se joue de vous, vous inculquant la fausse idée qu'elle a l'effet inverse. Nous avons tous connu cette panique qu'éprouve le fumeur à une heure tardive lorsqu'il a peur de tomber en panne de cigarettes. Les non-fumeurs ne connaissent pas cela. C'est la cigarette qui provoque ce sentiment. Elle ne se contente pas de vous détruire les nerfs; c'est un puissant poison qui vous ruine la santé. Lorsqu'il atteint le stade où le poison est effectivement en train de le tuer, le fumeur considère la cigarette comme son seul courage et il ne peut affronter la vie (ou plutôt la mort) sans elle.

Mettez-vous cela bien en tête, la cigarette ne vous soulage pas les nerfs; au contraire, lentement, mais sûrement, elle les détruit. Lorsqu'on arrête, un des grands bienfaits est de retrouver sa confiance en soi et son assurance.

CHAPITRE X

L'ENNUI

Peut-être fumez-vous en ce moment même. Cela vous était sans doute sorti de l'esprit avant de lire ces lignes.

Une autre idée fausse est que la cigarette soulage de l'ennui. L'ennui est une disposition de l'esprit. Lorsque vous fumez, il est très rare que vous vous répétiez sans cesse « *je fume, je fume une cigarette* » ; je dis que c'est rare, car il est vrai que cela est quelquefois le cas, notamment après une longue période d'abstinence, quand vous voulez réduire votre consommation ou, bien sûr, lorsque vous fumez vos premières cigarettes après avoir, sans succès, essayé d'arrêter.

Voici pourquoi je crois que l'ennui est un terrain favorable à la cigarette : lorsque vous êtes sous l'emprise de la nicotine et que vous n'êtes pas en train de fumer, quelque chose vous manque. Si vous pratiquez une activité qui vous occupe l'esprit, vous pouvez passer de longues périodes sans être gêné par le manque de drogue. Par contre, lorsque vous vous ennuyez, plus rien ne détourne votre attention du petit monstre ; en conséquence, vous lui donnez ce qu'il demande, une cigarette. En temps normal, c'est-à-dire lorsque vous n'essayez ni de réduire votre consommation ni d'arrêter, le fait même d'allumer une cigarette devient inconscient. Même ceux qui roulent leurs cigarettes ou fument la pipe peuvent se plier à ce rituel de façon tout à fait mécanique. Qu'un fumeur essaie donc de se rappeler les cigarettes qu'il a fumées pendant la journée. À part quelques-unes d'entre elles, comme la première de la journée ou celle d'après le repas, il les aura toutes oubliées.

En vérité, la cigarette tendrait plutôt à augmenter l'ennui, parce qu'elle abrutit et rend léthargique. Au lieu d'entreprendre des activités énergiques, les fumeurs préfèrent dormir, s'ennuyer ou, paradoxe, s'occuper à satisfaire leur besoin de nicotine.

CHAPITRE XI

LA CONCENTRATION

Les cigarettes n'augmentent pas le pouvoir de concentration ; il s'agit ici encore d'une idée fausse.

Comme les autres, cette illusion repose sur des faits qui témoignent du paradoxe des mécanismes liés au tabagisme. Lorsqu'une personne cherche à se concentrer, elle essaie d'éliminer tout ce qui pourrait perturber son dessein. Elle est ainsi amenée à s'isoler, à éviter par exemple le bruit, la chaleur ou le froid. Le fumeur confronté à cette situation souffre déjà : le petit monstre veut sa dose. S'il veut se concentrer, le fumeur, sans se poser de question, allume une cigarette – machinalement. Dès les premières bouffées, son besoin de nicotine étant pratiquement satisfait, il se concentre et a déjà oublié qu'il est en train de fumer.

En réalité, la cigarette constitue un obstacle à la concentration car vient un moment où le manque de nicotine n'est jamais totalement satisfait, même lorsque le fumeur fume. Celui-ci est alors amené à augmenter progressivement sa consommation, ce qui ne fera, à terme, qu'aggraver le problème.

La capacité de concentration se trouve affectée également pour une autre raison. Le processus d'obstruction des artères que provoque le tabagisme et les divers poisons qui en résultent dans le corps contribuent à diminuer l'afflux d'oxygène au cerveau (et aux autres organes par la même occasion). Votre pouvoir de concentration et votre inspiration seront grandement améliorés lorsque vous aurez mis fin à cette torture inutile.

C'est précisément cet aspect, ce côté stimulant pour la concentration, qui m'a toujours fait échouer lorsque je tentais d'arrêter en faisant uniquement appel à ma volonté. J'acceptais ma mauvaise humeur et ma susceptibilité, mais, lorsque j'avais besoin de concentrer mes facultés intellectuelles sur un sujet difficile, je ne pouvais plus me passer de cigarette. Je me souviens de ma panique lorsque j'ai découvert que je ne pourrais pas fumer pendant les examens de mon diplôme de comptabilité. Je fumais alors déjà à la chaîne et j'étais certain de ne pas pouvoir me concentrer trois heures d'affilée sans cigarette. Pourtant, j'ai réussi à mon examen et je me rappelle même ne pas avoir ressenti de gêne pendant toute sa durée.

Cette perte de concentration dont les fumeurs souffrent lorsqu'ils arrêtent n'est pas imputable au manque physique de nicotine, mais à la conviction que la cigarette leur est indispensable. Il arrive aux fumeurs, comme d'ailleurs à tout un chacun, de buter sur un mot, une date ou un visage. Que faites-vous, lorsque cela vous arrive ? À moins que vous n'en ayez déjà une à la bouche, vous allumez une cigarette. C'est pratiquement systématique. Et ensuite ? Comme la cigarette ne règle en aucune façon le problème, vous faites ce qu'aurait tout de suite fait un non-fumeur : vous pensez à autre chose en attendant que cela vous revienne.

Le fumeur ne rejette jamais la faute sur la cigarette. S'il tousse souvent, c'est parce qu'il attrape régulièrement froid. Lorsqu'il arrête de fumer, il attribue tous ses malheurs au fait qu'il a arrêté la cigarette. Dès qu'un ennui survient, au lieu de s'en accommoder comme le fera un non-fumeur, il se dit que cela irait mieux avec une cigarette. Alors, il remet tout en question et finit par se remettre à fumer.

Si vous pensez que fumer vous aide à vous concentrer, vous ne pourrez pas vous concentrer sans cigarette. Tout repose sur ce doute, et non sur le manque physique de nicotine. Gardez toujours à l'esprit que seuls les fumeurs souffrent de symptômes de manque.

Lorsque j'ai arrêté, je suis instantanément passé de cent à zéro cigarette par jour sans rencontrer le moindre problème de concentration.

CHAPITRE XII

L'ÉTAT DE DÉCONTRACTION

Beaucoup de fumeurs pensent que la cigarette les aide à se détendre. En réalité, la nicotine est un composant chimique qui a sur l'organisme l'effet d'un excitant. Vous constaterez une nette augmentation de votre rythme cardiaque si vous le mesurez avant et après deux cigarettes consécutives.

La cigarette après un repas est, pour beaucoup de fumeurs, une des préférées. Le repas coïncide avec la fin du travail (ou à une pause); on est généralement plus décontracté et, après avoir mangé et bu, relativement satisfait. Mais, pour le fumeur, il y a une faim qui n'est pas satisfaite. Il pense à la cigarette comme à la cerise sur le gâteau et c'est en fait le petit monstre, sa dépendance physique à la nicotine, qui manifeste sa faim.

Le sujet dépendant de la nicotine ne peut jamais être complètement reposé et cet état s'aggrave avec le temps.

Les personnes les moins décontractées ne sont, en effet, pas les non-fumeurs, mais plutôt les hommes d'affaires d'une cinquantaine d'années qui fument cigarette sur cigarette, toussent de façon permanente, sont sujets à l'hypertension et constamment irritables. À ce stade, la cigarette ne soulage plus, même partiellement, les symptômes qu'elle a créés.

Je me rappelle le temps où j'étais comptable et devais élever une famille. Lorsqu'un de mes enfants faisait une bêtise, je piquais une colère sans commune mesure avec la gravité de sa faute. Je crois vraiment que je ne me contrôlais plus parce que quelque chose avait pris possession de moi. Je sais maintenant que c'est la cigarette qui me rendait comme ça. À cette époque, je pensais endurer tous les problèmes du monde, mais, rétrospectivement, ces problèmes me semblent pratiquement insignifiants. Je contrôlais tout, dans ma vie, sauf la cigarette, qui me menait par le bout du nez. Il est triste que, aujourd'hui, je ne puisse pas convaincre mes enfants que c'est la cigarette qui me rendait si pénible envers eux. Chaque fois qu'ils entendent un fumeur se justifier, la même raison revient : « *Ça me calme, ça m'aide à me décontracter.* »

Il y a environ deux ans, les organismes responsables des adoptions d'enfants voulaient refuser ce droit aux fumeurs. Un homme célèbre protesta, arguant que, lorsqu'il était enfant, chaque fois qu'il devait aborder un sujet délicat avec sa mère, il attendait qu'elle allume une cigarette parce qu'elle devenait soudain beaucoup plus calme. Pourquoi avait-il peur de lui parler quand elle ne fumait pas ? Pourquoi les fumeurs sont-ils si tendus lorsqu'ils ne fument pas, même après un bon repas ? Pourquoi, dans les même circonstances, les non-fumeurs restent-ils, en général, tout à fait calmes ? Pourquoi les fumeurs ne peuvent-ils pas se sentir détendus sans cigarette ? Certes, le tabac n'est pas responsable à lui seul de tous les maux de la terre ; mais, la prochaine fois que vous serez au supermarché et qu'une mère s'en prendra violemment à son enfant, regardez-la, lorsqu'elle quitte le magasin ; la première chose qu'elle fera, je suis prêt à le parier, sera d'allumer une cigarette. Prêtez attention à l'attitude des fumeurs, surtout lorsqu'ils sont dans une situation qui leur interdit de fumer. Vous verrez qu'ils sont agités de tics nerveux, gardant les mains près de la bouche, se touchant les cheveux, tapant des pieds ou grinçant des dents. Crispés, ils ne savent plus ce que veut dire décontracté. C'est un des nombreux plaisirs que vous réserve l'avenir.

Le fumeur est à la fois l'esclave et l'admirateur de la cigarette. Il est temps d'ouvrir les yeux et de mettre un terme à cette ineptie.

CHAPITRE XIII

LA CIGARETTE MULTIPLE

On ne peut fumer plusieurs cigarettes en même temps, mais il est des circonstances où, voulant allumer une cigarette, vous vous apercevez que vous en avez déjà une à la bouche que vous aviez oubliée. Cela est moins anodin que vous ne le pensez. Comme je l'ai déjà dit, la cigarette finit par ne plus satisfaire votre besoin de nicotine. Même lorsque vous l'avez entre les lèvres, il y a quelque chose qui vous manque. C'est le terrible sentiment de frustration dont souffre le fumeur à la chaîne. Vous ressentez le besoin d'une cigarette alors que vous en avez une en bouche ; beaucoup de grands fumeurs se tournent alors vers l'alcool ou d'autres drogues plus dures. Mais je m'éloigne de mon sujet.

La cigarette multiple est due à au moins deux des prétextes habituels pour fumer, tels que les relations sociales, les repas, etc. Ce sont des situations à la fois stressantes et relaxantes. Ce n'est pas, comme cela en a l'air, une contradiction. N'importe quelle forme de situation sociale peut être stressante, même lorsqu'on se trouve avec des amis.

Il est des cas où les quatre raisons de base peuvent coexister. La conduite automobile est l'un d'eux : si vous quittez un contexte stressant (votre travail, le dentiste...), vous avez des raisons de vous détendre, mais, en même temps, l'attention que requiert la conduite (éviter les accidents) est toujours un élément de stress. Vous risquez votre vie. En même temps, vous devez vous concentrer. Il se peut que vous ne soyez pas conscient de ces deux derniers facteurs, mais le fait qu'ils soient inconscients ne les empêche pas d'agir. Et, si vous êtes en plus coincé dans un embouteillage, ou si le trajet est long, le dernier facteur, l'ennui, intervient.

Un autre exemple classique est le jeu de cartes. S'il s'agit du bridge ou du poker, vous avez besoin de concentration. Si vous perdez plus que vous ne pouvez vous le permettre, cela devient stressant. Passez un long moment sans avoir de jeu et l'ennui s'installe. Vous êtes supposé jouer pour le plaisir, il est donc naturel que ce soit un moment de détente. Lorsqu'on joue aux cartes, malgré l'insignifiance des symptômes de manque, chacun fume comme une cheminée, même si sa consommation habituelle est très faible. Les cendriers se remplissent en un rien de temps et ils devront être vidés plusieurs fois dans la soirée; un nuage épais plane au-dessus des têtes. Si l'envie vous en prend, demandez à n'importe lequel de ces fumeurs s'il est vraiment en train d'apprécier sa cigarette. Il vous répondra avec assurance que c'est évident. C'est souvent au réveil, le lendemain de telles soirées, que, la gorge en feu, on décide d'arrêter de fumer.

Ces cigarettes multiples nous sont très chères et nous pensons, en arrêtant, que ce sont elles qui nous manqueront le plus. Nous pensons que la vie sera moins agréable sans cigarette. En fait, c'est toujours le même mécanisme : ces cigarettes soulagent un état de manque et, dans ces moments-là, agréables ou non, notre besoin de le soulager est plus grand.

Mettez-vous bien dans la tête que, si la cigarette apparaît tellement appréciable, c'est à cause des situations auxquelles elle est associée. C'est la situation elle-même (ou son contexte) qui est particulière. Une fois que ce besoin de cigarette aura disparu, les situations heureuses seront même meilleures sans cigarette, et les situations de stress moins stressantes. Le prochain chapitre revient en détail sur ce point.

CHAPITRE XIV

CE QUE J'ABANDONNE EN ARRÊTANT DE FUMER

Qu'est-ce que j'abandonne en arrêtant de fumer ? **Absolument rien !** C'est la peur qui nous paralyse à l'idée d'arrêter ; la peur d'être privé de notre plaisir, de notre récompense ou de notre soutien. La peur que quelques instants particuliers ne soient plus aussi agréables sans cigarette. La peur qu'elle ne nous manque pour faire face aux situations les plus difficiles.

En d'autres termes, nous avons subi un véritable lavage de cerveau. Nous sommes en effet persuadés que nous souffrons de quelque faiblesse ou que la cigarette possède un effet mystérieux dont nous avons besoin, et qu'il y aura un vide en nous lorsque nous arrêterons de fumer. Tel est l'aspect psychique de la dépendance à la cigarette.

Mettez-vous bien cela dans la tête : **la cigarette ne comble pas un vide. Elle le crée !**

Notre organisme est la machine la plus sophistiquée de la terre. Que ce soit (un) dieu, un processus d'évolution naturel ou une combinaison des deux, l'entité qui nous a créés est bien plus puissante que nous. L'homme n'est pas capable de créer la moindre cellule vivante, mis à part le cas de la reproduction que l'on maîtrise cependant bien mal. Si le tabac avait été un élément nécessaire à notre vie, nous aurions été capables de nous protéger contre les poisons qu'il nous apporte. Il est, en revanche, certain que nous disposons de dispositifs de sécurité ou de sonnettes d'alarme comme la toux, le sentiment de vertige ou de malaise que l'on ressent lors de la première cigarette. Nous ignorons ces messages, à nos risques et périls.

L'éclatante vérité est qu'il n'y a rien à abandonner. Une fois votre corps débarrassé de ce petit monstre et votre esprit affranchi de son conditionnement au tabac, vous n'aurez ni envie ni besoin de cigarette.

Prenons un exemple. La cigarette n'améliore pas un repas, elle le gâche. D'abord parce qu'elle détruit progressivement notre goût et notre odorat. Observez les fumeurs au restaurant, fumant entre les plats. Ils n'apprécient pas le repas ; ils n'en peuvent plus d'attendre la fin du plat ou du repas pour pouvoir enfin savourer leur cigarette. Beaucoup fument tout en sachant que cela dérange les autres ; ce ne sont pas des personnes sans-gêne, mais, sans leur cigarette, ils sont malheureux, et partagés en permanence entre la frustration de ne pouvoir fumer et le remords de déranger les autres, quitte à se sentir minables.

Observez-les, lors d'une cérémonie, quand vient l'interminable attente du toast. Beaucoup s'éclipsent, prétendant un besoin urgent, et en profitent naturellement pour allumer une cigarette. C'est là qu'apparaît le vrai visage de la cigarette, celui d'une drogue : les fumeurs ne fument pas parce que cela leur fait plaisir, mais parce qu'ils souffrent s'ils ne le font pas.

Beaucoup d'entre nous avons commencé à fumer lors d'occasions plus ou moins sociales, lorsque nous étions jeunes et timides. Nous en avons acquis la certitude que nous ne pourrons jamais apprécier de telles occasions sans cigarette. C'est là un contresens : le tabac vous enlève votre confiance en vous. La plus grande preuve de la peur que la cigarette provoque chez les fumeurs est l'effet qu'elle produit chez les femmes. Presque toutes les femmes sont attentives à leur apparence. Elles n'envisagent pas un instant de se montrer, dans certaines circonstances sociales, sans être impeccablement habillées et irrésistiblement parfumées. Pourtant, leur haleine fétide de cendrier surmené ne semble pas leur poser de problème. Je sais que cela les dérange énormément – beaucoup ont horreur de cette odeur qui imprègne leurs cheveux et leurs vêtements –, mais cela ne suffit pas à les dissuader de fumer. C'est la peur que la cigarette leur inculque qui en est responsable.

Les cigarettes n'aident pas dans la vie sociale ; elles la gâchent. Regardez combien le fumeur est mal à l'aise lorsqu'il tient d'une main la cigarette, de l'autre le verre, essayant de se débarrasser discrètement des cendres et des mégots ; lorsqu'il tente sans succès de ne pas expirer la fumée au visage de son interlocuteur (à moins qu'il ne soit assez rustre pour ne pas faire cas de pareils détails) ; comme il est anxieux de savoir si son interlocuteur a remarqué son haleine fétide, ses doigts jaunis ou ses dents grises.

Non seulement il n'y a rien à abandonner, mais vous en retirerez de grands avantages. Quand un fumeur essaie d'arrêter, il tente de se concentrer sur les aspects positifs pour sa santé, son argent et sa sociabilité. Certes, ce sont des motifs évidents et importants, mais ce ne sont pas les seuls. Je pense que les bénéfices psychologiques sont les plus importants :

1 Le retour de la confiance en soi et de la sérénité.
2 La libération de cet esclavage.
3 Ne plus avoir à subir ce sentiment de mépris de la part de soi-même et des autres ; ne plus se torturer pour savoir si l'on arrivera un jour à se débarrasser de cette drogue.

La vie d'un non-fumeur est meilleure et beaucoup plus agréable. Ce n'est pas seulement vrai sur le plan de la santé, mais également sur bien d'autres plans tout aussi importants. Je reviendrai dans le chapitre suivant sur ces merveilleux avantages.

Certains fumeurs ont des difficultés à admettre que le tabac n'apporte rien. C'est pourtant un point essentiel, que je me propose de mieux expliquer à l'aide d'une analogie.

Imaginez que vous ayez une irritation sur le visage. Vous en parlez à quelqu'un, qui vous conseille une pommade miraculeuse. Vous l'essayez et, en quelques secondes, le mal disparaît. Une semaine plus tard, l'irritation réapparaît. Vous décidez d'acheter un tube de pommade et, dès que vous en mettez sur la plaie, elle disparaît de nouveau. L'irritation revient quelques jours plus tard, et de plus en plus fréquemment. Chaque fois, elle gagne sur le visage, se révèle de plus en plus douloureuse, mais disparaît dès qu'on y applique la pommade. Au bout de quelques mois, tout le visage en est couvert; cela revient toutes les demi-heures et c'est maintenant extrêmement douloureux. Vous savez que cette pommade ne résout le problème que temporairement et cela vous inquiète. La maladie va-t-elle gagner tout le corps? Deviendra-t-elle permanente? Vous allez voir votre médecin, qui ne peut pas la soigner. Rien n'est plus efficace que cette merveilleuse pommade.

Maintenant, vous dépendez complètement de la pommade. Vous ne sortez plus sans elle. Si vous partez à l'étranger, vous vous munissez de dix tubes d'avance. Et, pour aggraver vos problèmes, les revendeurs de cette pommade font payer 500 francs par tube. Mais vous n'avez pas d'autre choix que de payer.

Vous constatez, en lisant le journal, que vous n'êtes pas la seule victime. Des milliers de personnes souffrent exactement du même mal. En fait, des chercheurs ont découvert que la pommade ne guérit absolument pas la maladie. Elle n'élimine que provisoirement l'irritation de la surface de la peau. Le comble est que, en réalité, c'est la pommade qui entretient et propage la maladie. Tout ce qu'il vous reste à faire est d'arrêter d'utiliser cette pommade et, en quelques jours, tout aura disparu. Allez-vous continuer à l'utiliser?

Avez-vous besoin d'un quelconque brin de volonté pour y parvenir ? Certes, si vous ne croyez pas aux affirmations de l'article, il est légitime que vous ayez quelques jours d'appréhension. Mais, si vous constatiez que la maladie se résorbe progressivement, le besoin ou l'envie d'utiliser la pommade ne se manifesterait certainement plus.

Seriez-vous malheureux ? Vous aviez un terrible problème, que vous croyiez insoluble. Maintenant, vous avez trouvé la solution. Même s'il fallait une année entière pour en être complètement guéri, vous penserez chaque jour, en voyant le mal disparaître, qu'il est extraordinaire que cela s'arrête et que vous n'en mourrez pas.

C'est là toute la magie qui m'est apparue lorsque j'ai éteint ma dernière cigarette. Laissez-moi préciser un dernier point, à propos de cette analogie. La maladie que provoque la pommade n'est pas à mettre en parallèle avec un cancer du poumon, une angine, une bronchite, une maladie artérielle ou autre asthme chronique. La maladie dont je parle n'est pas non plus l'argent qui part en fumée, ni la mauvaise haleine et les dents tachées, ce n'est pas la toux, la léthargie, ces matins passés à s'étouffer, ni les circonstances où nous souffrons de ne pas pouvoir fumer. Ce n'est même pas ce mépris de nous-mêmes, ni celui des autres. Tous ces maux viennent s'ajouter à celui dont je veux parler. Le vrai mal est celui qui justifie que l'on ferme les yeux sur tous les autres. C'est simplement ce sentiment de panique : « *Il faut que je fume une cigarette.* » Seuls les fumeurs souffrent de ce mal-là. La pire des choses dont nous souffrons est la peur, cette peur insidieuse, et le bienfait le plus merveilleux que vous recevrez sera d'en être débarrassé.

C'est comme si un épais brouillard avait subitement disparu de mon esprit. J'ai alors clairement compris que ce sentiment d'envie panique d'une cigarette n'était pas une sorte de faiblesse en moi, qu'il n'était pas dû à une vertu magique de la cigarette. Il était seulement dû à la première cigarette, et chaque cigarette suivante, loin d'éliminer ce sentiment, ne faisait que l'ancrer plus profondément dans mon esprit. En même temps, je voyais que tous les autres *heureux* fumeurs vivaient le même cauchemar que moi, même si c'était à un degré moindre. Et tous avançaient des arguments aussi incohérents les uns que les autres pour tenter de justifier leur comportement.

C'est si bon d'être libéré!

CHAPITRE XV

CET ESCLAVAGE QUE L'ON S'IMPOSE À SOI-MÊME

Les mécanismes du tabagisme reposent sur la dualité d'une dépendance physique et d'une dépendance psychologique. Cette seconde dépendance est un véritable esclavage.

Les hommes se sont battus au cours des siècles derniers pour abolir l'esclavage. Paradoxalement, ils ont retrouvé, grâce à la cigarette, le moyen de s'autoreléguer au rang d'esclaves. Lorsqu'il a une cigarette à la bouche, le fumeur a un seul souhait, même s'il ne s'en rend pas compte : celui de n'avoir jamais fumé. Nous fumons la plupart des cigarettes sans les apprécier et même sans en être vraiment conscients. C'est seulement après une période d'abstinence que nous souffrons de l'illusion d'apprécier la cigarette : la première cigarette de la journée, ou celle après un repas...

Les seules circonstances où la cigarette devient réellement précieuse correspondent aux périodes où nous essayons d'arrêter, ou lorsque la société nous impose un interdit (églises, hôpitaux, cinémas, etc.).

Tout fumeur devrait être conscient que ces interdits, qui se limitent aujourd'hui à quelques cas précis (métro...), vont dans les années à venir s'appliquer à tous les lieux publics, à tous les restaurants, réduisant l'espace des fumeurs à quelques sordides recoins.

Fini, les jours où l'on pouvait entrer chez quelqu'un et demander, par pure formalité : « *Ça vous dérange si je fume ?* » Aujourd'hui, le pauvre fumeur qui pénètre dans une maison inconnue cherche désespérément du regard le moindre cendrier ou paquet de cigarettes. S'il ne trouve aucun indice favorable, il essaie généralement de tenir et, s'il n'y parvient pas, il finit par demander la permission. On lui répond souvent : « *Si vous ne pouvez pas faire autrement...* » ou : « *Nous préférerions que vous ne fumiez pas* », ce qui n'arrange pas ses affaires. Lui qui se sentait déjà misérable souhaite maintenant que le sol s'ouvre sous ses pieds et qu'il y disparaisse.

Je me souviens de la dure épreuve qu'était pour moi le simple fait d'aller à l'église. Même à l'occasion du mariage de ma propre fille, alors que j'aurais dû ne penser qu'à elle et à ma fierté de la voir ainsi, je me disais : « *Finissons-en que je puisse enfin sortir et fumer une cigarette.* »

Regardez attentivement les fumeurs dans de telles occasions. Cela vous aidera. Ils restent ensemble ; il y a toujours plusieurs paquets qui circulent et la conversation est la même :

« *Vous fumez ?*
— *Oui, mais j'ai les miennes, merci ; je vous en prendrai une plus tard...* »

Chacun allume la sienne et pense : « *Quelle chance nous avons d'avoir notre petite récompense. Le pauvre non-fumeur n'en a aucune...* »

Le non-fumeur n'a pas besoin de récompense. L'homme n'a pas été fait pour empoisonner systématiquement son propre corps. C'est d'autant plus triste que, même lorsqu'il fume, le fumeur ne parvient pas à atteindre réellement la sérénité et la confiance dont bénéficient les autres. Le non-fumeur, quant à lui, pendant la cérémonie ne s'agite pas nerveusement en attendant de pouvoir sortir. Il ne passe pas sa vie à attendre quelques rares moments de bonheur. Il en profite tout le temps.

Je me rappelle également que je jouais au bowling et, régulièrement, je devais trouver des excuses bidon pour pouvoir sortir fumer une cigarette. Je n'étais plus un gamin de quinze ans qui fumait en cachette, mais un comptable reconnu, âgé de presque quarante ans. Quelle tristesse ! Même en jouant à ce jeu, je ne prenais pas vraiment de plaisir. J'attendais les fins de parties pour pouvoir sortir, et pourtant, c'était là mon jeu préféré.

C'est une joie incomparable, lorsqu'on ne fume plus, d'être libéré de cet esclavage, de pouvoir ainsi apprécier toute sa vie ; de ne plus passer le plus clair de son temps à crever d'envie d'une cigarette et le reste à souhaiter ne plus jamais avoir à le faire.

Les fumeurs doivent bien garder à l'esprit, lorsqu'ils se trouvent chez des non-fumeurs (ou même uniquement en leur compagnie), que ce n'est pas à ces non-fumeurs qu'ils doivent leur angoisse, mais au petit monstre qu'ils ont dans l'estomac et qui attend sa dose de nicotine.

CHAPITRE XVI

J'ÉCONOMISERAI PLUSIEURS CENTAINES DE FRANCS PAR MOIS

Je ne répéterai jamais assez que c'est la dépendance psychologique qui rend le fait d'arrêter de fumer si difficile. Plus vous casserez cette dépendance, plus il vous sera facile de parvenir à votre but.

Il m'arrive souvent de converser avec ces personnes que je qualifie de fumeurs confirmés. Le fumeur confirmé est, selon ma définition, une personne qui aime fumer, qui n'y voit pas de danger pour sa santé ni de mal d'un point de vue social. Des fumeurs si extrêmes sont actuellement de plus en plus difficiles à dénicher.

Dans le cas des jeunes gens, j'axe mon attaque sur l'argent que leur coûtent les cigarettes. Je commence par dire à mon interlocuteur qu'il m'est difficile de croire qu'il ne s'inquiète pas de cet argent qui part en fumée. En général, il réagit promptement. Si je l'avais attaqué sur le plan de la santé ou sur celui du comportement social, il se serait peut-être senti en difficulté et aurait alors évité le débat. Mais à cette question d'argent, il se sent tout à fait sûr de lui : « *Je peux me le permettre, cela ne fait qu'une dizaine de francs par jour et je pense que cela en vaut la peine. C'est mon seul vice, alors...* »

J'insiste encore : « *Je ne peux toujours pas y croire. Vu*

ton âge et comme tu fumes un paquet par jour, tu vas dépenser durant toute ta vie environ 300 000 francs pour ces cigarettes. Et que vas-tu faire de cet argent? Tu ne te contentes pas de brûler les billets ou de les jeter par la fenêtre. Tu utilises cet argent pour te ruiner la santé, pour te détruire les nerfs et la confiance, pour endurer une vie d'esclavage, de mauvaise haleine et de dents tachées. Cela doit t'inquiéter, non? »

À ce stade, il apparaît souvent (surtout chez les jeunes fumeurs) qu'ils n'ont jamais envisagé le problème au point de vue de leur vie entière. Pour beaucoup, le prix d'un paquet fait déjà assez de mal. Il leur arrive d'évaluer ce qu'ils dépensent en un mois, ce qui est déjà bien alarmant. Très rarement (et seulement lorsqu'on envisage d'arrêter), on peut même estimer ce que l'on dépense en une année et c'est terrifiant, mais, sur une vie entière, cela devient impensable.

Cependant, le fumeur, qui continue à se défendre, va vous répondre qu'il peut se le permettre et qu'il ne faut pas envisager le problème sous cet angle, mais seulement voir ce que cela vous apporte; alors, quelques dizaines de francs par semaine, ce n'est pas énorme. Il se fait à lui-même ce qu'il refuserait d'un vendeur d'encyclopédies qui fait du porte-à-porte : « *Cela ne vous coûtera que 500 francs par mois* », la durée totale et le montant final étant insidieusement passés sous silence.

Je lui fais alors une proposition : « *Je vais te faire une offre que tu ne peux pas refuser : tu me donnes 10 000 francs maintenant et je te fournis en cigarettes pour tes propres besoins jusqu'à la fin de tes jours.* »

Si je lui avais offert de lui emprunter 10 000 francs pour lui en rendre progressivement 300 000, le fumeur m'aurait immédiatement fait écrire et signer ma promesse. Pourtant, aucun de ces fumeurs confirmés à qui j'ai proposé un tel marché ne l'a accepté – et, croyez-moi, ces gens-là n'envisagent aucunement d'arrêter de fumer puisqu'ils n'y voient aucun intérêt. Pourquoi donc ?

Il est fréquent, lors de mes consultations, qu'un fumeur explique que l'argent dépensé pour ses cigarettes ne le tracasse pas. Vous aussi, demandez-vous, si c'est le cas, pourquoi ce sujet ne vous pose aucun problème. Pourquoi vous démènerez-vous pour économiser quelques dizaines de francs ici et là pour d'autres achats, alors que vous en dépensez des milliers pour vous empoisonner ?

Voici la réponse à cette question. Toutes les autres décisions que vous prenez au cours de votre vie sont issues d'un processus de réflexion et d'analyse du pour et du contre, afin de déterminer une réponse rationnelle. Même si vous prenez une mauvaise décision, elle aura le mérite d'être la conclusion d'un raisonnement. Lorsque tout fumeur évalue le pour et le contre de la cigarette, la réponse est claire : « **Arrête de fumer, tu agis comme un imbécile !** » Par conséquent, si les fumeurs fument, ce n'est pas parce qu'ils le veulent vraiment ou qu'ils aiment cela, ce n'est pas à la suite d'une décision logique, mais seulement parce qu'ils pensent qu'ils ne peuvent pas faire autrement. Ils participent ainsi à leur propre conditionnement et s'enfouissent eux-mêmes la tête dans le sable.

Cela peut paraître paradoxal, mais certains vont même jusqu'à faire des paris entre eux (« *Celui qui recommence le premier à fumer donne 500 francs à l'autre* »), en passant sous silence les milliers de francs qu'ils économiseraient en arrêtant définitivement. C'est parce qu'ils raisonnent encore avec les bases inculquées par le lavage de cerveau et agissent en fumeurs parfaitement conditionnés.

Sortez quelques instants la tête du sable. Fumer est une réaction en chaîne qui se perpétue toute la vie. Si vous ne cassez pas cette chaîne, vous resterez fumeur jusqu'à votre dernier jour. Maintenant, essayez d'estimer le montant que vous allez dépenser si vous continuez à fumer jusqu'à la fin. Évidemment, cela varie selon votre consommation et votre âge, mais supposons, pour simplifier que ce montant est de de 100 000 francs.

Vous allez bientôt décider de fumer votre dernière cigarette (pas tout de suite, souvenez-vous des instructions initiales). Tout ce que vous aurez à faire pour rester un non-fumeur sera de ne pas tomber une nouvelle fois dans ce piège. Autrement dit, ne fumez pas cette première cigarette. Si vous craquez (ne dites pas « *juste une* », cela n'a aucun sens), sachez qu'elle vous coûtera 100 000 francs.

Si vous pensez que cette manière de considérer les choses est partisane, c'est que vous êtes toujours conditionné. Calculez par exemple ce que vous auriez économisé si vous n'aviez pas fumé la première cigarette de votre vie. Imaginez ce que vous auriez pu faire avec cet argent. Imaginez alors que vous recevez un chèque de 100 000 francs. Cela ne vous ferait-il pas sauter de joie ? Commencez donc à vous réjouir dès maintenant, parce que, cet argent, vous l'aurez. C'est un des nombreux bénéfices que l'on reçoit en arrêtant de fumer.

Après avoir arrêté, lors de la période de sevrage, vous serez peut-être tenté de fumer une (autre) dernière cigarette. Savoir qu'elle vous coûtera 100 000 francs vous aidera à résister à la tentation. Et, soyez-en sûr, si vous la fumez, vous retomberez aussi sec. La seule possibilité qu'elle ne vous coûte pas ces 100 000 francs est qu'elle vous tue avant d'atteindre cette somme.

J'ai fait cette offre dont je parlais plus haut au cours d'émissions de radio et de télévision pendant des années et pourtant personne n'a jamais accepté le marché. Je la fais régulièrement, au sein de mon club de golf, à certains fumeurs, chaque fois qu'ils se plaignent de l'augmentation du prix du tabac. Aucun n'a pourtant accepté mon offre. En fait, j'ai peur qu'un jour il n'y en ait un qui finisse par accepter si j'insiste trop. Je perdrais alors une fortune.

Si vous êtes en compagnie d'heureux fumeurs, qui

vous disent à quel point ils apprécient le tabac, dites-leur que vous connaissez un imbécile qui, si un fumeur lui paie l'avance d'une année de cigarettes, le fournira gratuitement en cigarettes pour le restant de ses jours. Peut-être trouverez-vous quelqu'un qui acceptera l'offre ?

CHAPITRE XVII

LA SANTÉ

C'est le domaine sur lequel le lavage de cerveau agit le plus. Contrairement à ce qu'ils pensent, les fumeurs ne sont pas conscients des risques qu'ils encourent.

Lors de mes années de fumeur, je m'attendais à avoir la tête qui explose d'un moment à l'autre et je croyais honnêtement y être préparé, du moins c'est ce que je voulais me faire croire. J'avais d'immenses œillères que je me refusais à enlever.

Imaginez-moi donc, à cette époque de ma vie, sortant une cigarette de mon paquet. Une sirène se met à retentir, puis une voix me prévient : « *OK, Allen, c'est la bonne ! Heureusement, on te prévient, mais après c'est terminé. Jusqu'à maintenant, tu t'en es tiré, mais si tu fumes une seule cigarette de plus, ta tête va exploser.* » Pensez-vous que j'aurais allumé cette cigarette ?

Si vous doutez de la réponse, prenons les choses autrement. Allez près d'une autoroute à une heure d'affluence. Restez sur le bord, les yeux fermés, en essayant d'imaginer l'alternative suivante : arrêter de fumer immédiatement ou traverser le carrefour les yeux bandés avant de pouvoir fumer votre prochaine cigarette. Votre choix ne fait aucun doute.

Je faisais ainsi ce que chaque fumeur fait durant toute sa vie. S'enfoncer la tête dans le sable, en espérant qu'un beau jour il se réveillera et que son envie de fumer aura disparu. Les fumeurs ne peuvent pas se permettre de penser aux risques encourus pour leur santé. Sinon même le plaisir qu'ils prennent à fumer une cigarette (qui n'est, nous le savons, qu'une illusion) disparaîtrait aussi. Ils préfèrent éviter le sujet en pensant que le danger ne concerne que les autres.

Cela explique pourquoi tout traitement de choc comme la journée nationale de lutte antitabac est si inefficace. Seuls les non-fumeurs sont attentifs aux programmes télévisés sur ce sujet. Cela explique également pourquoi tous les fumeurs ont connu ou entendu parler d'un certain oncle qui fumait trois paquets par jour et qui a vécu en pleine forme jusqu'à l'âge de quatre-vingt-dix ans, alors qu'ils ignorent les milliers de personnes qui sont mortes en pleine jeunesse à cause du tabac.

Je vais encore citer un exemple typique de conversation que j'ai lors de mes consultations, en particulier, avec des jeunes gens.

Moi : *Pourquoi veux-tu arrêter ?*
Le fumeur : *Cela me coûte une fortune.*
Moi : *Tu n'es donc pas inquiet pour ta santé ?*
Le fumeur : *Non. Je pourrais mourir renversé par un bus.*
Moi : *Te jetterais-tu délibérément sous un bus ?*
Le fumeur : *Non, bien sûr.*
Moi : *Je suppose même que tu regardes des deux côtés de la rue avant de traverser...*
Le fumeur : *Bien sûr.*

Exactement. Le fumeur, comme chacun, prend les précautions nécessaires pour ne pas passer sous le bus, rendant ainsi pratiquement nulles les risques que cela arrive. Pourtant, ce même fumeur est presque certain (s'il continue à fumer) de devenir un jour paralysé d'une façon ou d'une autre et il semble n'en être absolument pas conscient. Pourquoi est-il si aveugle ? À cause du lavage de cerveau qu'il subit en permanence.

Je me rappelle un certain champion de golf britannique qui refusait de participer aux circuits américains pour l'unique raison qu'il avait peur de prendre l'avion. Pourtant, on le voyait fumer comme un sapeur lorsqu'il était sur les terrains de golf. N'est-il pas étrange de refuser de prendre l'avion, alors qu'il y a un risque infime, et de fumer alors que les chances d'y rester à cause du tabac sont de une contre quatre ? Cet individu ne semblait pas en être conscient. Or, que retire le fumeur de ses cigarettes ?

Absolument rien !

Un autre mythe répandu concerne la toux du fumeur. Beaucoup de jeunes fumeurs qui viennent me voir ne sont pas inquiets pour leur santé, parce qu'ils ne toussent pas. En vérité ils devraient plutôt s'en inquiéter. La toux est une arme de dernier recours dont la nature nous a dotés afin de nous débarrasser des corps étrangers présents dans nos poumons. La toux en elle-même n'est pas une maladie, mais seulement un symptôme. Celle d'un fumeur témoigne que les poumons essaient de rejeter les goudrons et poisons cancérigènes contenus dans la fumée. S'il ne tousse pas, ces poisons restent dans les poumons, et ils peuvent alors s'attaquer à l'organisme.

Voyez les choses comme ceci. Imaginez que vous avez une très belle voiture. Vous seriez vraiment stupide de la laisser rouiller sans vous en préoccuper. Mais, après tout, une fois celle-ci réduite à l'état d'épave, ce ne serait pas la fin du monde. Un peu (beaucoup même) d'argent suffirait pour en acheter une autre. Votre corps, lui, est unique. Si vous le laissez se dégrader, c'en sera terminé. Mais vous ne vous contentez pas de cela, car vous le détruisez vous-même délibérément. Une fois qu'il sera fichu, peu importe tout l'argent que vous pourrez avoir, vous n'aurez pas une seconde chance. Il vaut mieux être pauvre et bien-portant que riche et sur le point de mourir à cause de la cigarette. L'inverse est encore plus vrai : heureux le riche non-fumeur et malheureux le pauvre qui va mourir à cause de la cigarette et qui pourtant se sacrifie toujours plus pour pouvoir se la payer.

Réveillez-vous ! Vous n'avez pas besoin de fumer ; rappelez-vous que **le tabac ne vous apporte absolument rien.**

Pour quelques instants, sortez la tête du sable et posez-vous la question suivante : si vous étiez certain que la prochaine cigarette serait celle qui déclencherait la maladie (cancer...), seriez-vous assez fou pour la fumer ? Plutôt que la maladie, qui est difficile à imaginer, pensez que vous irez à l'hôpital pour subir ces horribles examens et ces séances de chimiothérapie. Vous ne prévoyez alors plus le reste de votre vie, mais plutôt le début de votre mort. Que se passe-t-il pour le reste de votre famille, ceux qui vous aiment, qu'advient-il de vos rêves et de vos projets ?

J'ai souvent l'occasion de rencontrer des personnes dans cette situation. Ils ne pensaient pas, comme les autres d'ailleurs, que cela allait leur arriver. Le pire n'est même plus la maladie elle-même, mais le fait de savoir qu'on l'a cultivée soi-même pendant si longtemps, en fumant ces sacrées cigarettes. Pendant toute notre vie de fumeur, on se dit : « *J'arrête bientôt.* » Essayez d'imaginer ce que ressentent ceux qui, eux, sont arrivés à la dose fatale. Pour eux, le lavage de cerveau est terminé. Ils comprennent enfin ce qu'était vraiment cette *habitude* et ont quelques longs mois pour y penser. « *Pourquoi me suis-je fait croire que j'avais besoin de fumer ? Si seulement je pouvais tout recommencer !* »

Pour eux, c'est terminé. Mais vous, vous avez encore une chance. Le tabagisme est une réaction en chaîne. Chaque cigarette appelle la suivante, et ainsi de suite. C'est ce qui vous arrive, à vous aussi.

Au début du livre, je vous ai promis que ce n'était pas un traitement de choc. Si vous avez déjà décidé que vous allez arrêter de fumer, continuez à lire. Si vous doutez encore de cette volonté, sautez le reste de ce chapitre. Vous y reviendrez lorsque vous aurez fini le livre.

Un nombre impressionnant de statistiques ont été réalisées sur les dégâts que la cigarette peut causer à la santé. L'ennui est que le fumeur, jusqu'à ce qu'il décide d'arrêter, ne veut rien savoir. Même cet avertissement inscrit sur les paquets de cigarettes est une pure perte de temps. Le fumeur n'en tient pas compte et, s'il le lit, il allume aussitôt une cigarette.

Les fumeurs considèrent le danger que représente la cigarette pour la santé comme une roulette russe, ou comme le fait de traverser un champ de mines. C'est faux. C'est un phénomène progressif qui a déjà commencé. À chaque bouffée de cigarette, des goudrons cancérigènes s'introduisent dans vos poumons : c'est un petit pas de plus vers le cancer, la pire maladie qu'offre la cigarette. Mais elle contribue de façon évidente à provoquer d'autres maladies comme les maladies du cœur, l'artériosclérose, l'emphysème, l'angine, la thrombose, la bronchite chronique et l'asthme.

Les fumeurs sont également persuadés que ces effets de la cigarette sont exagérés. C'est malheureusement l'inverse. La cigarette est le tueur numéro un de la société occidentale. Cependant, le problème est que, lorsque la cigarette cause la mort ou est un facteur déterminant de celle-ci, il arrive qu'elle ne soit pas mise en cause.

Par exemple, il a été prouvé que 44 % des incendies domestiques sont dus à des cigarettes et on peut, dans un même registre, se demander ce qu'il en est des accidents de la route. Combien d'accidents sont arrivés parce qu'on quitte la route des yeux pour chercher ses cigarettes dans le sac ou pour les allumer ?

Je suis d'ordinaire un conducteur prudent. J'ai cependant une fois frôlé la mort en essayant de rouler une cigarette tout en conduisant. Sans oublier les innombrables occasions où j'ai fait tomber ma cigarette en conduisant (elle finissait toujours par se faufiler entre deux sièges). Je suis sûr que beaucoup de fumeurs ont vécu cette expérience, de conduire d'une main tout en se contorsionnant pour essayer de récupérer la cigarette de l'autre main.

L'effet du lavage de cerveau est tel que nous tendons à penser comme celui, tombant d'un immeuble de cent étages, que l'on entend dire à chaque étage : « *Jusqu'ici, ça va !* » Nous pensons, parce que nous nous en sommes bien sortis jusqu'à présent, que la prochaine cigarette n'y changera rien. Ne vous y trompez pas, il en va de même pour vous, avec la différence que vous ne pouvez pas savoir, lors de votre chute, à quelle distance est le sol.

On veut voir les choses sous un autre angle. Cette « *habitude* » est une chaîne pour la vie, chaque cigarette créant la nécessité d'en avoir une suivante. Vous avez allumé la mèche d'une bombe. Le problème est que **vous ne savez pas combien de temps cela va durer**. Chaque cigarette allumée est un pas de plus vers l'explosion. **Comment pouvez-vous être sûr que cette cigarette n'est pas la bonne ?**

CHAPITRE XVIII

L'ÉNERGIE

Si beaucoup sont conscients des effets nocifs du tabac sur leurs poumons, peu de fumeurs le sont de l'état de léthargie générale qu'il provoque.

Outre l'encrassement des poumons du fumeur, les substances contenues dans la fumée, comme par exemple la nicotine ou le monoxyde de carbone, empoisonnent progressivement ses vaisseaux sanguins.

Nos poumons permettent à l'oxygène que nous inhalons d'être acheminé par les artères vers l'ensemble de notre corps. En réduisant l'apport en oxygène, le fumeur étouffe progressivement ses muscles et ses organes et contribue ainsi à diminuer leurs performances; l'organisme devient par conséquent plus léthargique et ses capacités immunitaires sont fragilisées.

Tous ces mécanismes sont, bien entendu, lents et progressifs, si bien que le sujet ne s'aperçoit de rien. Il se sent chaque jour comme le jour précédent. Le fumeur ne se sent pas malade; il a donc tendance à penser que son manque de tonus est une conséquence naturelle de son vieillissement.

J'étais un adolescent très sportif; pourtant, dès la trentaine, j'ai commencé à me sentir fatigué en permanence. J'en avais déduit que seuls les jeunes avaient de l'énergie et que c'était fini pour moi. Vous verrez comme c'est formidable, peu après avoir arrêté de fumer, de sentir renaître sa forme physique, et d'éprouver le besoin de faire de l'exercice.

Le manque d'énergie du fumeur et le désintéressement de son propre corps entraînent généralement d'autres abus. Le fumeur a tendance à éviter toute activité sportive et à focaliser son intérêt sur la nourriture et la boisson.

CHAPITRE XIX

LA CIGARETTE ME DÉTEND ET ME DONNE CONFIANCE EN MOI

C'est le pire mensonge qui court à propos de la cigarette. Lorsqu'on arrête de fumer, la disparition du sentiment permanent d'insécurité dont souffrent les fumeurs est, à mon avis, aussi importante que la fin de l'esclavage de la cigarette.

Les fumeurs ont du mal à admettre que la cigarette est responsable du sentiment d'insécurité qui les envahit lorsqu'ils n'ont plus de cigarettes et que le bureau de tabac va fermer. Les non-fumeurs ne connaissent pas cela ; c'est le tabac qui en est le seul responsable.

Je me suis rendu compte des innombrables avantages qu'il y avait à ne plus fumer seulement plusieurs mois après avoir arrêté, au cours des consultations que je donnais.

J'ai, pendant près de trente-cinq ans, refusé de subir tout examen médical. Lorsque j'ai voulu souscrire une assurance-vie, j'ai accepté de payer des cotisations faramineuses afin d'éviter tout examen. J'avais horreur des hôpitaux, et ne supportais pas d'aller chez le médecin ni chez le dentiste. Je ne pouvais faire face à l'idée de vieillir et de me sentir de plus en plus faible.

Je ne mettais pourtant aucune de ces craintes sur le compte de la cigarette. Maintenant que j'en suis sorti, j'ai l'impression de me réveiller d'un cauchemar.

Aujourd'hui, j'attends avec plaisir chaque jour qui arrive. Bien sûr, la vie m'apporte toujours son lot de malheurs et je dois comme tous endurer les tracas quotidiens, mais il est formidable d'avoir retrouvé la sérénité nécessaire pour les affronter, et ce surplus d'énergie, de santé et d'assurance rend les bons moments encore plus agréables.

CHAPITRE XX

CETTE OMBRE NOIRE
DE LA CULPABILITÉ

Une autre grande joie, lorsqu'on renonce à la cigarette, est d'être libéré de ces ombres noires plus ou moins enfouies au fond de notre âme.

Tous les fumeurs ont conscience qu'ils se comportent en imbéciles et qu'ils se voilent la face devant les effets qu'a la cigarette sur leur santé. La plupart du temps, fumer devient un automatisme, et les fumeurs semblent l'oublier; cependant, ces ombres noires hantent toujours notre subconscient. Au cours de notre vie de fumeur, il est des circonstances où elles font surface et nous rappellent l'angoissante vérité :

- Les messages d'avertissement que nous lisons sur les paquets de cigarettes,
- la peur du cancer,
- la journée nationale antitabac,
- une quinte de toux,
- une douleur dans la poitrine,
- des sensations étranges dans les membres inférieurs,
- l'attitude attristée de nos proches,
- la prise de conscience de sa mauvaise haleine, de dents tachées chez le dentiste,
- la maladie qui atteint les autres,
- le fait d'embrasser un non-fumeur ou de lui parler,

- la perte du respect de soi à cause de cet esclavage,
- etc.

Même lorsque nous n'en sommes pas conscients, ces ombres noires hantent notre esprit en permanence et plus on se laisse engloutir par cette « habitude », plus ce sentiment de culpabilité empire. Il ne se dissipera que lorsque vous aurez vous-même décidé de mettre un terme à cette atroce dépendance.

Je n'insisterai jamais pour dire combien il est merveilleux d'être libéré de ces pensées morbides, de savoir que vous n'avez plus besoin de fumer.

Les deux derniers chapitres ont traité des avantages considérables que vous trouverez à être un non-fumeur. Pour être honnête, je me suis senti obligé, en contrepartie, de faire état des avantages liés au fait d'être un fumeur. Ces considérations sont développées dans le prochain chapitre.

CHAPITRE XXI

LES AVANTAGES D'ÊTRE UN FUMEUR

CHAPITRE XXII

LA MÉTHODE CLASSIQUE – DITE DE « VOLONTÉ »

Notre société considère qu'arrêter de fumer est un véritable exploit. Nous en sommes tous (les fumeurs, en tout cas) intimement persuadés. Même les rares livres qui prétendent nous y aider avertissent d'entrée de la difficulté de l'opération. La vérité est que c'est ridiculement facile. Je sais bien que vous doutez de ce que je dis : considérons les faits.

Si votre objectif est de courir le cent mètres en moins de onze secondes, je conçois que ce soit difficile. Vous aurez certainement besoin d'années d'entraînement et, malgré votre acharnement, vous serez peut-être physiquement incapable de réussir. Mais la barrière est partiellement psychologique ; avant que le premier sportif ne descende en dessous de ces onze secondes, cette limite apparaissait infranchissable. Aujourd'hui, des milliers de personnes en sont capables.

Revenons à nos moutons. Afin d'arrêter de fumer, ce que vous avez à faire est... de ne plus fumer. Personne ne vous force à fumer, à part vous-même et, à la différence de la nourriture et de l'eau, le tabac ne vous est absolument pas indispensable pour survivre. Ainsi, si vous voulez arrêter, pourquoi cela devrait-il être difficile ? En fait, cela ne l'est pas. Ce sont les fumeurs qui ont créé cette difficulté en essayant de mettre la réussite sur le compte de la volonté. Ils croient qu'ils devront faire preuve d'une extraordinaire abnégation afin de renoncer au tabac. Ils ont à leur disposition diverses méthodes pour arrêter de fumer. À ma connaissance, toutes ces méthodes – que je qualifie de *classiques* par opposition à la mienne – amènent le fumeur à penser qu'il fait un quelconque sacrifice en arrêtant de fumer. Étudions un peu en détail ce type de méthode, qui mise sur la *volonté* du fumeur.

Nous ne décidons pas de devenir des fumeurs. Nous essayons simplement de fumer une première cigarette, et sommes convaincus par son goût déplaisant qu'arrêter ne sera jamais un problème. Les premiers temps, nous ne fumons que quand nous le voulons, car nous ne sommes pas encore esclaves du tabac. Il se peut ainsi que plusieurs jours, voire plusieurs mois, passent entre deux cigarettes. Nous fumons à l'occasion de soirées, ou lorsque nous sommes mis en présence d'autres fumeurs, par exemple au sein d'un groupe d'adolescents. Ce sont toujours des circonstances de notre vie sociale, au cours de laquelle nous agissons par mimétisme.

Avant que nous ne l'ayons réalisé, nous achetons régulièrement nos paquets. Nous croyons fumer uniquement lorsque nous en avons envie. On s'aperçoit trop tard que l'on fume de façon ininterrompue.

D'habitude, il nous faut très longtemps pour réaliser que nous sommes accros, car nous avons l'illusion de fumer pour le plaisir et non par obligation. Lorsque nous fumons une cigarette, nous croyons l'apprécier. En fait, nous avons l'illusion de pouvoir nous arrêter quand nous le voudrons.

C'est en principe lorsque nous décidons d'arrêter qu'apparaît le problème. Les premières tentatives d'arrêter se situent le plus souvent dès les premières années, à cause de l'argent (les étudiants en ont souvent peu), ou de la santé (pour continuer, par exemple, une activité sportive), etc. Quelle qu'en soit la motivation, le fumeur attend toujours une situation difficile pour prendre conscience qu'il doit s'arrêter. Dès qu'il passe à l'acte, le petit monstre dans l'estomac (sa dépendance physique) manifeste sa faim. Le sujet veut alors une cigarette et, puisqu'il s'est promis de ne plus fumer, il stresse encore davantage. Ce qu'il utilise habituellement pour se calmer n'est plus disponible et sa souffrance augmente. Après une période de torture, il adopte le célèbre compromis (« *Je vais réduire progressivement* ») ou même jette l'éponge (« *Ce n'était pas le bon moment, j'attendrai un moment plus propice* »). Cependant, lorsque toutes les causes de stress ont disparu, l'envie de s'arrêter de fumer disparaît aussi et ce n'est que lors de la mauvaise passe suivante que l'idée reviendra. Bien sûr, ce n'est jamais le moment, car la vie tend plutôt à devenir de plus en plus stressante. Nous quittons la protection de nos parents pour fonder une famille, nous empruntons de l'argent, nos responsabilités professionnelles augmentent sans cesse, etc. Bien évidemment, la vie du fumeur ne devient jamais moins stressante, parce que son stress est dû à la cigarette. Alors que sa consommation de nicotine augmente, il devient de plus en plus nerveux et l'illusion du caractère indispensable de la cigarette s'accroît d'autant.

En fait, la vie ne devient pas nécessairement plus stressante. C'est la cigarette qui crée cette illusion. Nous reviendrons sur cet aspect au chapitre XVIII.

Après les premiers échecs, le fumeur se réfugie souvent dans la croyance qu'il se réveillera un jour et que son envie de fumer aura disparu comme par enchantement. Cet espoir est entretenu par les histoires qui circulent à propos d'ex-fumeurs, comme ceux qui prétendent avoir subitement perdu l'envie de fumer après une sévère grippe.

Ne croyez pas ces bêtises. J'ai vérifié des tas de rumeurs de ce type et ce n'est jamais aussi simple qu'il y paraît. En général, le fumeur s'est bien préparé à arrêter et il n'a fait qu'utiliser la grippe comme tremplin. J'ai passé trente ans à attendre ce matin inespéré où, enfin, je n'aurais plus envie de fumer. Lorsque j'avais une mauvaise grippe, j'étais impatient d'être guéri pour pouvoir à nouveau fumer à mon rythme.

Le plus souvent, les personnes qui prétendent avoir arrêté « *comme ça* » ont, en fait, subi un choc. Soit un proche parent est décédé des suites d'une maladie provoquée par la cigarette, soit ils ont eux-mêmes eu très peur. Mais il est plus facile de dire : « *J'ai décidé d'arrêter un jour; tout simplement* ». Regardez la vérité en face ! Cela n'arrivera pas sans que vous le vouliez.

Essayons de voir en détail pourquoi la méthode classique rend les choses si difficiles. Pendant presque toute notre vie, notre attitude est de toujours remettre la décision finale – celle d'arrêter – au lendemain. Cependant, il arrive quelquefois qu'un élément précis vous incite à passer à l'acte. Par exemple, vous prenez conscience de l'argent que vous perdez, de la santé que vous détruisez ou même de l'esclavage dans lequel vous vivez.

Quelle qu'en soit la raison, nous sortons un instant la tête du sable pour réfléchir aux avantages et aux inconvénients de la cigarette. Nous découvrons alors ce que nous avons toujours su, la conclusion rationnelle ne fait aucun doute : **il faut arrêter de fumer**.

Si vous tentez d'établir une comptabilité des avantages et des inconvénients de la cigarette, le résultat ne peut qu'être extrêmement défavorable à la cigarette.

Cependant, même si le fumeur sait qu'il ferait mieux de ne pas fumer, il croit que ce sera pour lui un grand sacrifice. C'est une illusion, mais une illusion extrêmement *puissante*. Sans savoir pourquoi, le fumeur est persuadé que la cigarette est d'un grand apport pendant les bons et mauvais moments de sa vie.

Avant même qu'il amorce sa tentative d'arrêt, les fausses certitudes que notre société et nous-mêmes nous sommes inculquées à propos de la cigarette pèsent de tout leur poids. Et il faut ajouter à cela l'illusion encore plus néfaste qui consiste à croire qu'il est très difficile d'arrêter.

Le fumeur a rencontré des personnes qui, n'ayant pas fumé depuis plusieurs mois, meurent encore d'envie de fumer une cigarette. Il y a tous ces ex-fumeurs grincheux, ceux qui ont arrêté depuis des années mais qui regrettent toujours la cigarette. Il a aussi entendu l'histoire de ce fumeur qui, après avoir tenu pendant des années, a fumé une cigarette qu'il croyait innocente, et s'est subitement remis à fumer. Il connaît certainement des fumeurs gravement malades, qui visiblement n'apprécient plus la cigarette et se détruisent irrémédiablement en s'obstinant à fumer. En plus de tout cela, il est certainement lui-même passé par l'une de ces épreuves.

Alors, au lieu de tout commencer en pensant : « *Super ! Vous savez quoi ? Je ne fume plus !* », son premier sentiment est qu'il va effectuer une mission impossible. Il croit dur comme fer que tout fumeur est condamné à vie. De nombreux fumeurs prennent même leurs dispositions pour prévenir leur entourage : « *Je suis en train d'arrêter, je serai certainement irritable pendant les prochaines semaines. Soyez indulgents.* » Ces tentatives-là sont vouées à l'échec.

Supposons, maintenant, que le fumeur tienne quelques jours sans craquer. Ses poumons se sont progressivement décongestionnés. Il n'achète plus de cigarettes et, par conséquent, sa situation financière s'améliore. Il ne subit plus la pression sociale antitabac, puisqu'il est devenu non fumeur. Ces points sont positifs puisqu'ils marquent un retour à l'état de non-fumeur. Cependant, les motivations mêmes qui l'ont poussé à arrêter de fumer lui apparaissent maintenant moins évidentes et il a tendance à oublier la situation dans laquelle il se trouvait alors. On peut comparer cela à quelqu'un qui vient d'être témoin d'un accident de la route. Pendant quelque temps, il sera plus prudent, mais, après, il oubliera vite toute notion de prudence et, au moindre prétexte, appuiera sur le champignon.

D'autre part, le petit monstre dans son estomac n'a pas eu sa dose depuis très longtemps. Il n'y a pas de douleur physique, juste une indéfinissable sensation de manque. Si cette sensation n'était pas due à la nicotine, elle ne le dérangerait absolument pas. Cependant, il sait que cela veut dire qu'il a besoin d'une cigarette. Pourquoi est-ce si important, le fumeur l'ignore. Le petit monstre dans l'estomac réveille ainsi le grand monstre, confortablement installé dans le subconscient par l'incroyable lavage de cerveau. Alors, cette personne même qui, il y a quelques jours, dressait la liste de toutes les raisons qu'elle avait d'arrêter cherche maintenant n'importe quelle excuse pour recommencer. Des excuses comme :

1 *La vie est trop courte. S'il le faut, je pourrais mourir d'un instant à l'autre, peut-être renversé par une voiture. J'ai arrêté trop tard. De toute façon, on peut attraper un cancer avec n'importe quoi aujourd'hui, alors...*

2 *Je n'ai pas choisi le bon moment. J'aurais dû attendre après Noël / après les vacances / après cet événement stressant...*

3 *Je n'arrive pas à me concentrer. Je deviens irritable et suis en permanence de mauvaise humeur. Je n'arrive pas à travailler correctement. Mon entourage ne me supporte plus. Alors, pour l'intérêt de tous, il faut que je me remette à fumer. Je suis un vrai fumeur et je ne serai jamais heureux sans cigarette (c'est cette dernière excuse qui m'a fait fumer pendant près de trente-cinq ans).*

À ce stade, généralement, le fumeur replonge. Il allume une cigarette et la schizophrénie s'amplifie. D'un côté, il y a cet immense soulagement de mettre fin au manque : le petit monstre a enfin sa dose. De l'autre, s'il a tenu assez longtemps, la cigarette a vraiment un goût exécrable et il se demande pourquoi il la fume. C'est pourquoi le fumeur pense qu'il manque de volonté. Ce n'est pas vrai ; il a seulement changé d'avis en prenant une décision parfaitement rationnelle au vu des informations dont il disposait. En effet, à quoi bon être en bonne santé si l'on est malheureux ? À quoi bon être riche si on est malheureux ? Il vaut bien mieux avoir une vie agréable et un peu plus courte qu'une longue vie misérable.

Heureusement, cette conclusion est complètement fausse. La vie d'un non-fumeur est vraiment plus appréciable. Cependant, j'ai moi aussi souvent commis cette erreur et cela m'a valu d'être fumeur pendant trente-cinq ans. Je dois avouer que, si c'était vraiment la réalité, je serais encore en train de fumer (pardon, je ne serais plus de ce monde).

Cette souffrance qu'endure le fumeur n'a rien à voir avec l'angoisse due au manque physique de nicotine. Il est vrai qu'elle est à l'origine de celle-ci, mais le problème est psychologique : le fumeur doute de son choix. Persuadé qu'il fait un sacrifice, et se sent frustré, ce qui est une forme de stress. Or, dans ce type de situation, son petit monstre lui disait « *prends une cigarette* ». Alors, depuis qu'il a arrêté, il veut une cigarette, mais il sait qu'il ne peut plus en avoir. Ce dilemme le déprime et envenime la situation.

La difficulté est encore aggravée parce que l'on attend quelque chose qui n'arrive pas. Si vous voulez passer le permis de conduire, une fois l'examen passé avec succès, vous avez atteint votre but. Le principe de la méthode fondée sur la volonté est de dire : « *Si je peux tenir assez longtemps sans cigarettes, l'envie finira par disparaître.* » Comment savez-vous que c'est terminé ? La réponse est que cela ne le sera jamais, parce qu'il n'y a rien à attendre. Vous avez arrêté au moment même où vous avez fumé cette dernière cigarette et vous attendez maintenant de voir combien de temps vous allez encore tenir.

Comme je l'ai précisé ci-dessus, le fumeur subit une agonie psychologique, due au doute qui habite son esprit. Bien qu'il n'y ait aucune douleur physique, l'effet n'en reste pas moins très puissant. Le fumeur est malheureux et il se sent vulnérable. Au lieu d'oublier la cigarette, il en devient complètement obsédé.

Il peut y avoir des jours et même des semaines de dépression totale. Son esprit est envahi de doutes et de craintes :

« *Combien de temps vais-je rester à souffrir ?* »
« *Serai-je un jour heureux à nouveau ?* »
« *Arriverai-je à me motiver pour sortir du lit le matin ?* »
« *Est-ce que je pourrai encore apprécier un bon repas ?* »
« *Comment arriverai-je à faire face à une situation stressante ?* »
« *Aurai-je la force de sortir, d'aller prendre un verre dans un café ?* »

On pourrait citer des dizaines d'autres questions. Le fumeur attend que les choses s'améliorent et, bien sûr, plus il s'apitoie sur lui-même, plus la cigarette devient pour lui un bien extrêmement précieux.

En fait, quelque chose se passe, mais le fumeur n'en est pas conscient : s'il peut survivre trois semaines sans nicotine, l'appétit physique pour ce poison disparaît. Comme je l'ai déjà dit, la sensation de manque de nicotine est si légère que le fumeur ne s'en rend pas compte. Certains ex-fumeurs croient, après quelques semaines passées sans fumer, qu'ils sont enfin libérés. Ils allument alors une cigarette pour se prouver qu'ils ont raison. Ils la trouvent mauvaise, ce qui les conforte dans leur idée. Ils oublient cependant qu'ils ont de nouveau introduit de la nicotine dans leur organisme. Cette nicotine commence déjà à faire effet et, bientôt, le fumeur entend cette petite voix au fond de lui qui lui dit : « *Tu en veux une autre.* » Il s'était vraiment débarrassé de l'habitude, mais il a replongé aussitôt.

Il ne va pas allumer une autre cigarette immédiatement. Il se dit : « *Je ne veux surtout pas recommencer.* » Il attend alors qu'un assez long délai soit passé, des heures, des jours, voire des semaines. Il peut enfin se dire qu'il ne s'est pas fait avoir, et qu'il peut sans risque s'en permettre une autre. Il est retombé dans le piège et se trouve déjà sur la mauvaise pente.

Ceux qui réussissent avec cette méthode ont tendance à trouver le chemin long et difficile, parce que le principal problème est le lavage de cerveau. Bien longtemps après, alors que le fumeur ne ressent plus aucun manque physique, il meurt encore d'envie de fumer. Enfin, s'il arrive à tenir assez longtemps, il finit par se rendre compte qu'il ne retombera plus. Il cesse alors de se morfondre, accepte que la vie continue, et voit qu'elle est aussi agréable sans tabac.

De nombreux fumeurs réussissent avec cette méthode, mais la voie est très difficile et il y a plus d'échecs que de réussites. Même ceux qui ont réussi restent toute leur vie vulnérables, car ils gardent des séquelles du conditionnement ; ils sont persuadés que la cigarette a le pouvoir, dans les bons comme dans les mauvais moments, d'améliorer les choses (certains non-fumeurs souscrivent même à cette idée : ils sont aussi soumis au lavage de cerveau, mais ils ont également conscience des aspects négatifs, c'est pourquoi ils ne souhaitent pas « *apprendre* » à fumer).

Cela explique que certains, qui ont arrêté pendant longtemps, se remettent à fumer. Beaucoup d'ex-fumeurs s'autorisent un cigare ou une cigarette occasionnelle, comme une « *petite gâterie* », ou pour se convaincre qu'ils trouvent cela détestable. C'est bien ce qui se passe, mais la nicotine qui pénètre dans l'organisme déclenche à nouveau le cercle vicieux. Le petit monstre dit : « *Tu en veux une autre.* » La cigarette suivante n'est pas meilleure, ils sont alors convaincus qu'ils peuvent fumer sans risque. Une fois retombés dans le piège, ils essaient de se persuader : « *J'arrêterai juste après les vacances / Noël / cet événement...* »

Trop tard, ils sont déjà redevenus accros. Le même vieux piège s'est encore refermé sur eux.

J'insiste là-dessus : la notion de plaisir n'a absolument rien à voir avec celle de dépendance. Elle n'a jamais rien eu à voir ! Si l'on se mettait à fumer parce que l'on trouve cela agréable, personne n'aurait jamais fumé plus d'une cigarette. Nous pensons apprécier les cigarettes uniquement parce que nous n'arrivons pas à nous croire assez stupides pour fumer sans aimer le goût qu'elles ont. C'est pourquoi le fait de fumer est tellement subconscient. Si, en fumant une cigarette, nous étions pleinement conscients des fumées qui s'insinuent dans les poumons, même l'illusion du plaisir ne tiendrait pas. On ne peut, en prenant conscience de ce que nous fait la cigarette, que se sentir stupide. On fume, parce qu'on n'a pas ces considérations-là à l'esprit. Ainsi, observez des fumeurs en société ; vous verrez que, une cigarette à la main, ils n'ont l'air heureux que lorsqu'ils ont oublié cette cigarette. Les moments où ils s'en rendent compte, ils prennent une attitude gênée et ont tendance à s'excuser.

Nous fumons pour satisfaire ce petit monstre... Lorsque vous aurez chassé ce petit monstre de votre estomac, et le grand de votre tête, vous n'aurez ni besoin ni désir de fumer.

CHAPITRE XXIII

RALENTIR SA CONSOMMATION NE SERT À RIEN

De nombreux fumeurs prennent la décision de réduire leur consommation, en vue d'un arrêt définitif ou pour essayer de contrôler leur toxicomanie. Certains médecins recommandent même de réduire avant d'arrêter.

Il est évident que moins vous fumerez, mieux ce sera pour vous. Cependant, en tant qu'étape pour arrêter, réduire peut vous être fatal. Ce sont nos tentatives pour nous limiter qui nous maintiennent accros toute notre vie.

En général, cette démarche fait suite à l'échec d'une tentative d'arrêter. Après quelques heures ou quelques jours d'abstinence, le fumeur, à bout de nerfs, en vient à penser qu'il ne peut pas vivre sans cigarette. Il décide alors de se remettre à fumer, mais en se limitant à quelques cigarettes bien choisies. Il pense que, s'il parvient à descendre à dix par jour, il pourra alors soit se maintenir, soit se limiter encore davantage.

Il se met lui-même dans une position insupportable.

1 Il vit la pire des existences. Il reste dépendant de la nicotine et maintient le monstre vivant à la fois dans son estomac et dans son esprit.

2 Il passe sa vie à attendre la prochaine cigarette.

3 Avant de diminuer, dès qu'il avait envie d'une cigarette, il en allumait une, soulageant ainsi au moins partiellement son besoin. Maintenant, en plus du stress habituel, il s'inflige celui d'avoir à supporter presque continuellement les angoisses dues au manque de nicotine. Il se condamne à être continuellement malheureux et de mauvaise humeur.

4 Il avait l'habitude de fumer la majorité de ses cigarettes machinalement, sans y penser ni y prendre plaisir. Les seules cigarettes qu'il croyait apprécier étaient celles suivant une période d'abstinence (la première de la journée, etc.).

Maintenant qu'il attend plus d'une heure avant chacune d'entre elles, il les « *apprécie* » toutes. Cependant, le plaisir qu'il prend à la fumer n'est pas dû à la cigarette elle-même, mais à la fin de la période d'agitation causée par le manque physique (nicotine) ou psychologique (cigarette). Plus la période d'abstinence est longue, plus il « *apprécie* » la cigarette qui y met fin.

La principale difficulté, lorsqu'on arrête de fumer, ne concerne pas la dépendance physique. De ce côté, il n'y a pas vraiment de problème. En effet, les fumeurs passent la nuit sans fumer, l'envie d'une cigarette ne les réveille même pas. Beaucoup attendent en fait d'avoir quitté la chambre, le matin, pour allumer leur première cigarette. Beaucoup attendent d'avoir déjeuné ou même ne fument pas avant d'arriver sur leur lieu de travail.

Ainsi, ils passent facilement dix heures sans une cigarette et cela ne les dérange pas. Qu'ils essaient de passer dix heures sans fumer pendant la journée et ils s'arracheront les cheveux.

Ils sont capables, lorsqu'ils ont une nouvelle voiture, de s'abstenir de fumer à l'intérieur sans la moindre difficulté. Ils s'abstiennent aussi dans les supermarchés, au théâtre, chez le médecin ou à l'hôpital sans la moindre gêne. Beaucoup ne fument pas en présence de non-fumeurs. Même dans les transports en commun, les gens respectent l'interdiction. Les fumeurs sont presque ravis lorsqu'on les empêche de fumer, et prennent en fait un certain plaisir à passer un long moment sans cigarette. Cela leur donne l'espoir qu'enfin, un jour, ils s'arrêteront définitivement.

Le vrai problème concerne le lavage de cerveau, l'illusion que la cigarette est une sorte de soutien ou de récompense et que la vie ne sera jamais la même sans elle. Bien loin de vous détourner de la cigarette, le fait de limiter votre consommation vous rend plus malheureux encore et vous convainc que la cigarette est une chose essentielle sans laquelle on ne peut être heureux.

Il n'y a rien de plus pathétique qu'un fumeur qui essaie de diminuer sa consommation. Il a l'illusion que, moins il va fumer, moins il aura envie de fumer. En fait, c'est l'inverse. Moins il fume, plus il souffre du manque de nicotine et plus il apprécie les rares cigarettes qu'il s'accorde. Mais cela ne le fera pas arrêter. Ce qui est paradoxal, c'est que, plus les cigarettes deviennent rares, plus elles ont mauvais goût. En effet, celles qui nous paraissent les plus fortes, celles qui nous font tousser le plus sont celles que l'on a attendues le plus longtemps (la première de la journée, par exemple). Ce sont elles qui brûlent le plus la gorge. Et en même temps, ce sont celles que l'on apprécie le plus parce qu'on les a attendues longtemps. Pensez-vous que vous adorez cette première cigarette à cause de son odeur et de son goût ? Non, soyez rationnels ; vous l'appréciez parce qu'elle met fin à dix heures d'abstinence.

Diminuer, cela ne marche pas et c'est même la pire forme de torture. Cela ne marche pas parce que le fumeur croit, à tort, que, s'il fume moins, il aura moins envie de fumer. Non, fumer n'est pas une habitude dont on se sépare progressivement, mais bien la dépendance à l'égard d'une drogue : cette dépendance amène le fumeur à en vouloir toujours plus, et non l'inverse. S'il veut réduire sa consommation, le fumeur doit faire preuve de volonté et de discipline tout le reste de sa vie.

On l'a vu, le problème principal, lorsqu'on veut arrêter, n'est pas la dépendance physique à la nicotine. Le vrai problème est la fausse croyance que la cigarette vous donne du plaisir. Cette fausse croyance est d'abord développée par le lavage de cerveau que nous subissons avant même de commencer à fumer, puis elle est renforcée par notre propre expérience de la cigarette. En réduisant nettement sa consommation, le fumeur renforce cette illusion au point que la cigarette en vient à dominer complètement sa vie : il finit alors par se convaincre qu'il s'agit bien de la chose la plus précieuse sur terre.

Diminuer ne marche jamais, car cela implique de la volonté et de la discipline pour tout le reste de votre vie. Si vous n'avez pas eu assez de volonté pour arrêter, vous n'en aurez certainement pas assez pour réduire. Arrêter est bien plus facile et moins douloureux.

J'ai eu vent de milliers de tentatives qui se sont soldées par un échec. La poignée de succès dont j'ai eu connaissance concernent des périodes de réduction relativement courtes, suivies de l'arrêt total de la cigarette. Ces fumeurs-là ne doivent pas leur réussite à ce processus de réduction. La réduction, au contraire, a été un obstacle supplémentaire qui n'a fait que prolonger leur période de souffrance. L'échec d'une telle tentative laisse le fumeur en état de dépression, encore plus convaincu qu'il est accro à vie. Cela suffit, en général, pour le faire fumer cinq années de plus avant la tentative suivante.

En tout état de cause, ce type de comportement permet d'illustrer toute la futilité du tabagisme, car il montre clairement qu'une cigarette est encore plus appréciable après une longue période d'abstinence.

Votre choix, alors, est le suivant :

1 Réduire votre consommation à vie. Cela veut dire vous imposer une existence de torture ; de toute façon, vous n'y parviendrez pas.

2 Continuer à fumer et vous étouffer de plus en plus, pour la vie également. Quel intérêt ?

3 Soyez indulgent avec vous-même. Arrêtez.

Ces considérations me poussent à insister sur un autre point important : *la cigarette occasionnelle, cela n'existe pas*. Fumer est une réaction en chaîne qui durera le reste de votre vie, sauf si vous faites un effort positif pour y remédier.

N'oubliez pas : en essayant de réduire votre consommation de cigarettes, vous vous enfoncerez encore plus dans la dépendance.

CHAPITRE XXIV

JUSTE UNE PETITE CIGARETTE

Cette idée de « *juste une petite cigarette* » est un mythe que vous devez chasser de votre esprit.

Une seule cigarette a suffi pour que vous commenciez à fumer.

Une seule cigarette, celle qui vous a aidé à affronter une rude épreuve ou celle que vous avez allumée pour célébrer une grande occasion, a suffi pour ruiner votre tentative d'arrêter de fumer.

Cette *petite* cigarette suffit, lorsqu'un fumeur a réussi à mettre fin à sa dépendance, à le faire retomber dans le piège. Quelquefois, il la fume seulement pour se persuader que cela ne lui fait plus rien : le goût horrible qu'elle a le convainc évidemment qu'il en est débarrassé et qu'il ne tombera plus jamais sous son emprise. Malheureusement, elle suffit au contraire à le faire replonger.

Mettez-vous bien dans la tête qu'il est impossible de ne fumer qu'une cigarette. Le tabagisme, c'est une réaction en chaîne qui durera toute votre vie, à moins que vous n'y mettiez un terme.

C'est la pensée même d'une cigarette particulière, comme celle que vous fumez après le repas ou pour commencer la journée, qui vous empêche d'arrêter. C'est bien ce mythe qui est responsable du dilemme permanent auquel vous êtes confronté lorsque vous décidez d'arrêter de fumer. Prenez la résolution de ne plus envisager une cigarette ou un paquet comme un extra que l'on peut s'autoriser. Ne dissociez pas l'idée d'une cigarette de celle d'une vie entière d'esclavage et d'autodestruction.

Vous regrettez qu'il n'existe rien qui puisse, comme le fait la cigarette, servir de remontant lors des moments difficiles et de célébration lors des moments heureux ? Comprenez bien que ce n'est pas ce que fait la cigarette. Vous n'avez qu'une alternative : aucune cigarette, ou une vie entière avec le tabac, avec tous les inconvénients qu'il entraîne (et aucun avantage, soyez-en certain). Vous ne rêvez pas d'avaler du cyanure, même si vous aimez le goût des amandes. Arrêtez de vous punir vous-même avec cette idée de la petite cigarette providentielle.

À l'inévitable question : « *Si vous pouviez retourner au moment où vous êtes tombé dans le piège, recommenceriez-vous à fumer ?* », vous répondez non, sans aucune hésitation. Pourtant, tout fumeur est confronté à ce choix chaque jour de sa vie. Pourquoi n'arrête-t-il pas ? Parce qu'il a peur, peur de ne pouvoir arrêter, ou peur que la vie ne soit pas aussi agréable sans cigarette.

Cessez de vous mentir. Vous pouvez arrêter. N'importe qui le peut, parce que c'est ridiculement facile.

Pour cela, il est nécessaire de bien comprendre trois points fondamentaux dont nous avons déjà parlé :

1 On ne se prive de rien. Arrêter ne présente que de merveilleux avantages.

2 La *petite cigarette*, si spéciale soit-elle, n'existe pas. Elle vous condamne à une vie d'aliénation et de maladie.

3 Ne vous croyez pas différent des autres, sous prétexte que vous fumez depuis très longtemps, ou que votre rapport avec la cigarette est particulier. N'importe quel fumeur peut arrêter.

CHAPITRE XXIV

LES NON-FUMEURS, LES FUMEURS OCCASIONNELS, LES ADOLESCENTS...

Les « grands » fumeurs ont tendance à envier les fumeurs occasionnels. Ils ont tort. Certes, le fumeur occasionnel prend moins de risques pour sa santé et dépense moins d'argent. Mais ces avantages sont, de loin, compensés par les inconvénients. On peut, en fait, considérer que ce fumeur est plus accro et bien plus malheureux que le « grand » fumeur.

Rappelez-vous qu'aucun fumeur n'apprécie réellement la cigarette. L'unique plaisir, à l'origine, est le soulagement des symptômes de manque de nicotine. La tendance naturelle de la drogue est de soulager le manque que son absence a provoqué. Ainsi, la tendance naturelle est de fumer à la chaîne.

Cependant, trois principaux éléments dissuadent le fumeur de fumer sans retenue.

1 L'argent. Cela reviendrait trop cher.

2 La santé. Afin de satisfaire le manque, il nous faut ingérer un poison. La capacité de supporter ce poison dépend de l'individu et même de l'instant de sa vie. Ce facteur agit de façon automatique.

3 La discipline. Elle est imposée par notre société, notre travail, notre entourage, ou par le fumeur lui-même – et résulte du conflit permanent qui se joue dans son esprit.

Il est maintenant nécessaire de donner quelques définitions.

LE NON-FUMEUR n'est jamais tombé dans le piège, mais il ne devrait pas, pour autant, prendre une attitude suffisante. S'il est un non-fumeur, c'est uniquement par la grâce de Dieu (ou par un heureux concours de circonstances). Tous les fumeurs ont un jour été des non-fumeurs convaincus de ne jamais devenir accros. Certains non-fumeurs persistent à essayer de fumer une cigarette de temps à autre, en se croyant hors d'atteinte.

LE FUMEUR OCCASIONNEL : Il en existe deux catégories :

1 Le fumeur qui est tombé dans le piège, mais qui ne s'en est pas encore rendu compte. Ne l'enviez pas. Il est à peine sur le premier barreau de l'échelle, mais il deviendra sans doute bientôt un vrai fumeur. Souvenez-vous que c'est ainsi que vous avez commencé. Personne ne devient un grand fumeur d'un seul coup.
2 L'ancien (grand) fumeur, qui maintient une petite consommation parce qu'il pense ne pas pouvoir arrêter. Cette catégorie-là est la plus triste de toutes. On peut distinguer plusieurs nuances.

CELUI QUI FUME CINQ CIGARETTES PAR JOUR. S'il apprécie tellement ses cigarettes, pourquoi n'en fume-t-il pas davantage ? S'il peut s'en passer, pourquoi fume-t-il encore ? Rappelez-vous : cette habitude consiste à vous cogner la tête contre le mur uniquement pour le plaisir que vous ressentez lorsque cela s'arrête. Celui qui, quotidiennement, fume cinq cigarettes ne soulage son état de manque qu'environ une heure par jour. Le reste du temps, même s'il ne s'en rend pas compte, il lutte contre ce manque, comme s'il commençait à se cogner la tête contre le mur. S'il n'en fume que cinq, ce n'est pas parce que c'est la dose qui satisfait pleinement son besoin, mais parce qu'il pense qu'il s'agit d'un bon compromis entre son *plaisir* et le risque pour sa santé, à moins que cela ne soit pour des raisons financières. Il est facile de convaincre un grand fumeur qu'il n'apprécie pas vraiment les cigarettes qu'il fume. Essayez, en revanche, de convaincre un fumeur occasionnel. Tout fumeur qui a tenté de réduire sa consommation sait que c'est la pire torture qui soit, et il conviendra que c'est le meilleur moyen de rester accro toute sa vie.

CELUI QUI NE FUME QUE LE MATIN (OU LE SOIR). Il s'inflige de supporter le manque durant la moitié de la journée afin de pouvoir se soulager le reste du temps. Demandez-lui pourquoi, s'il aime fumer, il se prive de ce plaisir la moitié du temps. Ici encore, cette privation est imposée par une raison étrangère au plaisir.

CELUI QUI NE FUME QUE SIX MOIS PAR AN. (« *Je peux arrêter dès que je le veux, je l'ai déjà fait des dizaines de fois.* ») Comme précédemment, ce n'est pas pour une raison liée au plaisir qu'il arrête de fumer pendant six mois, mais pour diminuer les risques de maladies. S'il aime fumer, pourquoi se prive-t-il de ce plaisir pendant six mois, et inversement ? La réponse est qu'il est toujours accro. Même si, lorsqu'il a arrêté plusieurs semaines durant, la dépendance physique a bel et bien disparu, le vrai problème reste entier : le lavage de cerveau. Il espère chaque fois qu'après ces quelques mois d'abstention il n'aura plus envie de recommencer, mais il retombe invariablement. Beaucoup envient ce genre de fumeur qui peut, apparemment, maîtriser son tabagisme. Ils se trompent car ces fumeurs sont bien loin de maîtriser quoi que ce soit. Lorsqu'ils fument, ils regrettent de fumer, et lorsqu'ils cessent de le faire, ils n'ont qu'une hâte : remettre ça au plus vite. Quelle vie !

Quoi qu'ils fassent, ils ont envie de faire le contraire. C'est, en fait, le lot de tous les fumeurs, le terrible dilemme qu'ils doivent endurer : lorsqu'on fume, la cigarette apparaît anodine, ou même provoque un sentiment de dégoût. Qu'on en soit privé et, en revanche, elle devient l'objet de toutes les convoitises. Le fumeur ne sort jamais gagnant de ce dilemme parce qu'il est la victime d'un mythe, d'une illusion. Le seul moyen de gagner est d'arrêter à la fois de fumer et de se morfondre à propos de la cigarette.

CELUI QUI NE FUME QUE LORS DE CERTAINES OCCASIONS. C'est comme ça que nous commençons tous, mais pour quelle raison ces occasions tendent-elles à devenir de plus en plus fréquentes ? Avant de s'en rendre compte, on ne fait plus partie de cette catégorie.

CELUI QUI, APRÈS AVOIR ARRÊTÉ, S'AUTORISE EXCEPTIONNELLEMENT UNE CIGARETTE. Il est triste de voir que ces fumeurs passent leur vie à souffrir pour limiter leur consommation ou finissent par retomber progressivement. C'est d'ailleurs le cas de ceux qui, après avoir arrêté, veulent se donner l'illusion qu'ils ne sont pas en train de replonger. La pente sur laquelle ils glissent ne les amène que vers le bas. Tôt ou tard, ils fument régulièrement et reviennent à leur point de départ, avec le handicap supplémentaire d'une nouvelle défaite contre la cigarette.

On peut citer deux autres catégories de fumeurs occasionnels. La première catégorie concerne les personnes qui fument une cigarette ou un cigare lors de circonstances rarissimes. Ce sont, en fait, des non-fumeurs, qui fument cette rare cigarette non par besoin ou pour le plaisir, mais parce qu'ils ont l'impression de manquer quelque chose. Ils veulent faire partie du groupe. C'est comme ça que nous commençons tous. Lors de la prochaine occasion de ce genre, observez combien les fumeurs délaissent vite leur cigare. Même les grands fumeurs, habitués à la cigarette, n'ont qu'une envie : se débarrasser de ce cigare infect qui leur a encombré les mains pendant toute la soirée. Ils préféreraient fumer leur propre marque ; plus ces cigares sont chers et longs, plus la frustration est grande.

La seconde catégorie est, en fait, très rare. Sur les plusieurs milliers de personnes qui ont assisté à mes sessions, seulement une douzaine de personnes peuvent s'en réclamer. Plutôt que d'essayer de la décrire de façon générale, je citerai le cas d'une cliente venue récemment me consulter.

Elle voulait une consultation privée. Avocat, elle fumait depuis près de douze ans, jamais ni plus ni moins de deux cigarettes par jour. Cette caractéristique confirmait qu'elle avait une volonté de fer. Je lui expliquai que le taux de succès des sessions de groupe était bien supérieur à celui des sessions individuelles et que, par conséquent, je réservais celles-ci aux personnes si célèbres que leur présence eût perturbé le déroulement de la thérapie du groupe. Elle fondit en larmes et je décidai alors d'accepter sa requête.

Le prix de la consultation individuelle est très élevé. En fait, beaucoup de fumeurs seraient prêts à payer ce prix-là, non pour arrêter, mais pour trouver le moyen de ne fumer que deux cigarettes par jour. Ils croient, à tort, que les fumeurs occasionnels sont plus heureux qu'eux et qu'ils sont maîtres de leur situation. Certes, ils contrôlent leur rythme (ou plutôt ils le limitent au minimum supportable pour eux), mais ils sont très loin d'être heureux de cet état de fait. Cette femme avait perdu père et mère à cause de la cigarette avant même qu'elle ne se mette à fumer. Elle avait, comme moi, une peur immodérée de la cigarette avant de fumer la première. Et, comme moi, elle a fini par céder aux pressions énormes et par fumer sa première cigarette. Elle se rappelle la mauvaise impression qu'elle a ressentie à ce moment-là. Cependant, elle n'a pas succombé comme moi, qui suis devenu très rapidement un fumeur à la chaîne.

La seule chose qui vous plaît dans la cigarette est la fin de la sensation de manque, que ce soit le manque physique presque imperceptible ou la torture morale de ne pouvoir gratter une démangeaison qui vous irrite. Les cigarettes ne sont que saleté et poison. Aussi ne pouvez-vous les apprécier qu'après une période d'abstinence suffisante. C'est uniquement lorsque vous venez d'en fumer une que vous pouvez, si vous en reprenez une autre, l'apprécier à sa juste valeur : elle est infecte. Comme la faim et la soif, le plaisir se trouve accru après une longue période d'attente. Les fumeurs ont tort de croire que la cigarette n'est qu'une habitude, avec ses bons et ses mauvais côtés. Ils croient que, s'ils arrivent à réduire suffisamment leur consommation, ils pourront concilier leur plaisir et leur santé, et que ce sera, éventuellement, un pas vers l'arrêt définitif. C'est faux. Ce n'est pas une habitude. C'est la dépendance à l'égard d'une drogue. Par nature, l'homme cherche non à supporter son manque, mais à le soulager. Et même pour maintenir votre consommation à son niveau actuel (un paquet par jour?), avouez que vous devez solliciter force de volonté et discipline, et cela jusqu'à la fin de votre vie. Car, votre corps s'accoutumant aux doses qu'il reçoit, il en veut de plus en plus – et pas le contraire. En stabilisant votre consommation, vous ne donnez pas satisfaction à votre corps : vous maintenez un équilibre précaire entre sa demande et les scrupules que vous avez à fumer. Cette drogue est responsable d'un processus de dégradation de vos ressources physiques et mentales ; votre courage pour l'affronter diminue peu à peu, entraînant ainsi une réduction de l'intervalle de temps entre deux cigarettes. Pour cette raison, certains, après avoir fumé leurs premières cigarettes, décident de ne pas continuer et n'en souffrent pas le moins du monde. D'autres, comme moi, qui n'ai jamais aimé fumer, se sont enfoncés rapidement dans le cycle infernal de la dépendance, en sachant dès le début que la cigarette était une torture.

N'enviez donc pas cette dame. Lorsque vous ne fumez qu'une cigarette toute les douze heures, vous en faites un bien extrêmement précieux. Cette pauvre dame a passé douze années de sa vie en perpétuel conflit. Incapable de s'arrêter, elle a cependant réussi à ne pas dépasser une dose très faible afin de ne pas risquer, comme ses parents, un cancer. Elle combat la tentation durant toute la journée. Quelle volonté ! Une telle force d'esprit est rare, c'est pourquoi ce type de fumeur se compte sur les doigts de la main. Il faut voir où cette lutte l'a conduite. La logique voudrait, puisqu'elle-même admet que la cigarette est pour elle une torture, qu'elle l'abandonne définitivement. L'effet de la drogue est de supprimer toute logique dans son comportement.

Un autre cas me revient à la mémoire, celui d'un homme qui fumait cinq cigarettes par jour. Ce cas est également très intéressant car il permet de souligner l'absence de toute rationalité dans le comportement du fumeur.

Cet homme me téléphona un jour. Il avait une voix rauque, presque inaudible. Il voulait arrêter de fumer avant de mourir. Il me raconta les circonstances qui l'avaient poussé à me contacter.

« J'ai soixante et un ans et un cancer de la gorge que je dois à la cigarette. Je ne peux physiquement plus supporter que cinq cigarettes roulées chaque jour.

Auparavant, la nuit, je dormais comme un loir. Maintenant, je me réveille toutes les heures en ne pensant qu'à une seule chose : la cigarette. Mes rêves eux-mêmes en sont peuplés.

Je dois attendre dix heures, le matin, pour fumer ma première. Levé à cinq heures, je passe mon temps à me préparer du thé et à le boire. Ma femme, qui se lève vers huit heures, ne supporte pas mon humeur exécrable et refuse que je reste à l'intérieur de la maison. Je vais alors passer le temps qu'il me reste dans notre jardin d'hiver, où je ne fais que penser à ma prochaine cigarette. Je commence à la rouler vers neuf heures et la façonne jusqu'à ce qu'elle soit parfaite. Elle n'en est pas meilleure, mais cela m'occupe un petit moment. J'attends ensuite dix heures. Quand l'heure arrive, mes mains tremblent de façon complètement incontrôlable. Je ne l'allume pas immédiatement, car sinon je devrais attendre trois heures pour la suivante. Je l'allume enfin, je tire une bouffée et l'éteins immédiatement. Ainsi, elle peut durer jusqu'à une heure. Quand elle est terminée, il ne reste plus qu'un filtre de quelques millimètres. J'attends alors la suivante. »

En plus de toutes ces souffrances, ce pauvre homme avait les lèvres couvertes de brûlures pour avoir fumé chaque cigarette jusqu'au bout. Vous imaginez certainement un pauvre imbécile, sénile et triste. Cet homme d'un mètre quatre-vingts avait été sergent dans les Marines. Ancien athlète, il n'avait rien pour devenir fumeur. Cependant, la société d'alors croyait que la cigarette donnait du courage et les militaires recevaient gratuitement leurs paquets de cigarettes. On lui a presque imposé de devenir un fumeur. Il a passé le reste de sa vie à souffrir à cause de la cigarette qui l'a ruiné physiquement et mentalement. Quelle leçon avons-nous tiré de cela ? Notre société permet encore à des jeunes gens en pleine santé de se faire avoir à leur tour.

Le cas précédent vous paraît exagéré ? C'est vrai qu'il est extrême, mais il est véridique et il n'est pas unique. On pourrait citer d'autres cas analogues, sans compter que peu de fumeurs osent avouer à quel point la cigarette les traîne dans la boue. Et, croyez-le bien, il y a dans l'entourage de cet homme de nombreuses personnes qui l'envient d'arriver à ne fumer que cinq cigarettes par jour. Vous pensez que cela n'est pas votre cas ? **Ouvrez les yeux !**

Cessez de mentir !

Les fumeurs agissent souvent en fieffés menteurs,

même vis-à-vis d'eux-mêmes. Ils y sont obligés. Beaucoup de ces fumeurs occasionnels fument bien plus et bien plus souvent qu'ils ne l'admettent. J'ai souvent eu, avec des personnes prétendant fumer cinq cigarettes par jour, des entretiens au cours desquels elles fumaient en quelques dizaines de minutes plus que leur quota journalier. À quoi bon le leur faire remarquer ? Elles prétexteront qu'il s'agit d'une circonstance particulière. Observez les *petits* fumeurs lors d'un mariage ou d'une soirée mondaine, ils fument autant que les autres.

Il n'y a aucune raison d'envier les fumeurs occasionnels. Il n'y a, en fait, aucune raison de fumer. La vie est infiniment meilleure sans cela.

Les adolescents sont généralement les plus difficiles à soigner, non parce qu'ils trouvent qu'arrêter est difficile, mais, au contraire, parce qu'ils pensent qu'ils ne sont pas accros ou qu'ils s'arrêteront lorsqu'ils en ressentiront le besoin.

Je tiens à avertir sérieusement les parents dont les enfants disent abhorrer la cigarette de ne pas se laisser aller à un faux sentiment de sécurité. Tous les enfants en sont là, jusqu'au jour où ils tombent dans le piège (si c'est un jour le cas). Vous étiez dans ce cas, vous aussi, avant de fumer. Ne soyez pas dupe des campagnes de mise en garde des autorités publiques. Le piège est aussi vicieux qu'il l'était auparavant. Les enfants savent que la cigarette tue, mais ils savent aussi qu'une seule cigarette ne leur fera rien. Le risque est qu'à un certain moment ils ne soient influencés par un copain, un petit ami ou un collègue de travail. Ils peuvent en fumer une, qu'ils trouveront infecte, et se persuader alors qu'ils ne seront jamais dépendants... À tort. ***Avertissez-les du piège qui les attend.***

CHAPITRE XXIV

LE FUMEUR CLANDESTIN

On devrait ranger le fumeur clandestin dans la catégorie des fumeurs occasionnels, mais les conséquences de ce type d'attitude sont si insidieuses qu'il faut lui consacrer un chapitre. J'ai fumé en cachette de ma femme et cela nous a presque conduits au divorce.

Cela faisait trois semaines que j'avais arrêté (du moins, j'étais en pleine tentative). J'avais pris cette énième décision d'arrêter sous l'injonction de ma femme, inquiète de mes continuelles quintes de toux. Comme je lui faisais savoir que je n'étais moi-même pas inquiet, elle me répondait que je verrais les choses autrement si je devais assister impuissant à l'autodestruction d'un être cher. L'argument avait porté, et j'avais décidé d'arrêter. Après trois semaines sans une cigarette, j'avais craqué, à la suite d'une violente dispute avec un ami. Plusieurs années après, j'ai compris que j'avais inconsciemment déclenché cette dispute : je cherchais la première excuse venue pour m'accorder une cigarette. Je pensais, alors, avoir agi de façon pleinement responsable, mais je suis maintenant persuadé que la cigarette a été la seule raison de cette dispute. C'est, en effet, l'unique circonstance où je me suis disputé avec cet ami que je connais depuis toujours. Il est clair que c'était l'œuvre du petit monstre. Cette dispute m'a fourni l'excuse que je recherchais et je me suis remis à fumer.

Je ne pouvais supporter l'idée de la déception qu'aurait ma femme, je ne lui ai donc rien dit. Je ne fumais que lorsque j'étais seul. Puis, progressivement, je me suis remis à fumer en compagnie de mes amis, jusqu'à ce que ma femme fût la seule à ne pas connaître la vérité. Je me rappelle que j'étais alors assez fier de moi, me disant que c'était un bon moyen de maintenir une consommation relativement faible. Elle finit par s'apercevoir de mon manège : exaspérée par mon attitude consternante, elle me le fit savoir. Elle avait remarqué que je déclenchais facilement des disputes pour pouvoir sortir, que la moindre course me prenait des heures et que j'inventais toutes sortes de prétextes pour qu'elle ne m'accompagne pas lorsque je sortais.

Le tabagisme est responsable d'une cassure sociale entre fumeurs et non-fumeurs. On peut citer des dizaines d'exemples où on limite – voire évite –la compagnie d'amis à cause de cette saleté. Cette attitude renforce la certitude du fumeur d'être privé de quelque chose. En même temps, le fumeur perd sa propre estime, parce qu'il est conscient de s'abaisser à tromper ses plus proches compagnons.

Peut-être ce genre de situation vous est-il familier, ou le sera-t-il un jour.

CHAPITRE XXVII

UNE HABITUDE SOCIALE ?

On estime qu'il y a, depuis les années soixante, dans un pays comme la Grande-Bretagne, plus de dix millions de personnes qui ont arrêté de fumer. Ce chiffre traduit une véritable révolution sociale.

Il est évident que la santé et l'argent sont les deux principales raisons qui nous poussent à arrêter. C'est le cas depuis des années. Nous n'avons même pas besoin de la peur du cancer pour nous rendre compte que la cigarette nous brise la vie. Notre propre organisme est assez sophistiqué pour nous prévenir du danger de la cigarette : n'importe quel fumeur sait que la cigarette est un poison dès la première bouffée qu'il avale.

Intéressons-nous aux raisons qui nous poussent à fumer plutôt qu'à celles qui nous incitent à arrêter. En effet, c'est de ce côté-là que les choses ont changé lors des deux dernières décennies. La raison majeure qui nous a incités à fumer a été la pression sociale de nos amis. Le seul avantage véritable que la cigarette ait jamais eu est bien ce « plus » social ; la cigarette a été en effet, à une certaine époque, une habitude parfaitement respectable.

Aujourd'hui, les fumeurs eux-mêmes reconnaissent qu'il s'agit d'une habitude incontestablement antisociale.

Il n'y a pas si longtemps, c'étaient les durs qui fumaient. Ceux qui ne fumaient pas étaient considérés comme des mauviettes, et nous avons tous peiné fortement pour devenir accros. Les premières cigarettes étaient pénibles, mais on s'y faisait rapidement. Dans chaque bistrot ou club, la majorité des hommes expiraient fièrement la fumée de leur cigarette ou de leur cigare. Il y avait en permanence un nuage qui stagnait dans la pièce et tous les plafonds qui n'étaient pas repeints régulièrement jaunissaient à vue d'œil.

Aujourd'hui, la tendance est complètement inversée. L'homme fort n'a pas besoin de fumer. Il ne veut pas dépendre d'une drogue.

Cette révolution culturelle de notre société contraint les fumeurs à sérieusement envisager d'arrêter. Ils sont maintenant considérés comme des personnes faibles.

Le fait le plus marquant depuis la première édition de ce livre est la prise de conscience générale de l'aspect antisocial de la cigarette. Les jours où la cigarette était l'emblème de la femme sophistiquée ou du vrai « dur » sont définitivement révolus. Tout le monde sait, maintenant, que la raison qui nous pousse à continuer de fumer tient soit dans l'échec d'une tentative pour y mettre un terme, soit dans la peur d'essayer. Le fumeur, chaque jour, est harcelé par les interdictions légales ou morales, par les ex-fumeurs, encore plus impitoyables que les non fumeurs. Son habitude apparaît ainsi de plus en plus déplacée. J'ai récemment assisté à des scènes que j'avais vues lors de mon enfance, comme cette femme qui, n'osant pas demander un cendrier, mettait les cendres de sa cigarette dans sa main ou dans sa poche.

Je me trouvais, il y a trois ans à peu près, dans un restaurant, le soir de Noël, vers minuit. Tout le monde ou presque avait fini son repas, et personne ne fumait. C'était pourtant l'heure à laquelle chacun sort le cigare qu'il a précieusement conservé par-devers lui toute la journée, l'instant que les fumeurs adorent, juste après le repas. Fier que mes préceptes commençaient peut-être à faire boule de neige, je demandai haut et fort au garçon si ce restaurant était un restaurant non-fumeur. À mon grand étonnement, il répondit négativement. Je savais qu'arrêter de fumer était dans l'air du temps, mais je ne pouvais croire qu'il n'y avait pas un fumeur dans ce restaurant. En fin de compte, une personne dans un coin de la salle alluma une cigarette. Il s'ensuivit un concert de roulements de briquets et d'allumettes grattées. Tous ces pauvres fumeurs ne pensaient qu'à une chose : « *Je ne suis certainement pas le seul fumeur ici, il doit bien y en avoir un autre.* »

Beaucoup, maintenant, se retiennent de fumer pendant les repas par respect pour les autres convives. Beaucoup, s'ils fument, non contents de s'en excuser auprès des personnes assises avec elles, s'assurent aussi que les tables voisines ne sont pas dérangées. Alors que, chaque jour, de plus en plus de fumeurs quittent le navire qui sombre, ceux qui restent sont terrifiés à l'idée d'être les derniers.

N'attendez pas d'être le dernier !

CHAPITRE XXVIII

LE « TIMING »

Si on part du principe que le tabac ne vous fait que du mal, c'est maintenant qu'il faut arrêter. Sans appliquer cela à la lettre, il faut savoir qu'il est important de respecter un certain *timing*. Notre société considère avec désinvolture que le tabagisme est une habitude légèrement déplacée qui peut nuire à la santé. C'est faux. C'est une maladie, la dépendance à l'égard d'une drogue, la première cause de décès de la société occidentale. La pire chose dans l'existence d'un fumeur est d'avoir succombé à cette saleté. Pour mettre toutes les chances de son côté, il faut bien choisir le moment où l'on va franchir le pas.

Tout d'abord, identifiez les circonstances au cours desquelles la cigarette vous apparaît primordiale. Si vous êtes un homme d'affaires, par exemple, et fumez à cause de l'illusion que cela diminue votre stress, choisissez une période relativement calme pour arrêter, par exemple pendant vos vacances. Si vous fumez essentiellement lors de moments de détente ou d'ennui, choisissez, au contraire, une période où vous serez très occupé. Quoi qu'il en soit, prenez l'affaire au sérieux et faites-en une priorité.

Recherchez une période d'environ trois semaines et essayez d'anticiper sur toute circonstance qui pourrait conduire à un échec. Par exemple, un mariage ou les fêtes de Noël ne doivent pas gâcher votre projet, à moins que vous ne vous prépariez à l'idée d'y participer sans fumer et sans vous sentir pour autant frustré. N'essayez pas de réduire votre consommation pour anticiper, car cela ne fera qu'accroître l'illusion que la cigarette procure du plaisir. En fait, mieux vaut même en fumer un maximum, afin d'en être dégoûté. Lorsque vous fumerez cette dernière cigarette, concentrez-vous sur son goût et son odeur détestables, et pensez combien ce sera « chouette » de ne plus avoir à les supporter.

Quoi que vous fassiez, ne tombez pas dans le piège de vous dire « *pas maintenant, plus tard* **» : cela finirait par ne plus devenir une priorité. Décidez maintenant du moment où vous allez arrêter et attendez-le avec impatience.** Rappelez-vous que vous n'abandonnez absolument rien. Au contraire, vous ne tirerez de votre décision que de merveilleux avantages.

Cela fait des années que, sur les mystères du tabagisme, je prétends en savoir plus que n'importe qui. Le problème est le suivant : bien que tout fumeur ne fume que pour soulager un besoin chimique de nicotine, cela n'est pas la dépendance à la nicotine elle-même qui aliène le fumeur, mais le conditionnement (c'est-à-dire la dépendance psychologique) résultant de cette dépendance physique. Une personne, fût-elle très intelligente, peut être victime d'une escroquerie. Mais seul un imbécile continuera à se faire avoir s'il sait que c'en est une. Heureusement, tous les fumeurs ne sont pas des imbéciles. Ils croient simplement en être. Chaque fumeur a contribué, à sa manière, à son propre conditionnement, et créé sa propre image de la cigarette. C'est pourquoi il existe une si grande variété de profils de fumeurs, ce qui ne fait qu'accroître la complexité de ce mystère.

Cinq ans après la première publication de ce livre, bien que je découvre chaque jour une facette de plus au syndrome de la cigarette, je constate que les propos contenus dans cette première édition restent toujours sensés. Ce que j'ai acquis, depuis, c'est essentiellement la méthode pour bien faire comprendre au lecteur ce que j'enseigne depuis le début. La difficulté réside dans le fait que chaque fumeur a ses propres particularités. J'ai beau clamer sur tous les tons que n'importe qui peut facilement arrêter de fumer, même si je sais que j'ai raison, cela n'a aucun effet sur le lecteur. C'est pour moi très frustrant : je dois donc me concentrer sur les moyens de faire passer mon message. Il est primordial que mes lecteurs soient tout à fait convaincus de ce que j'avance. Je ne renie ainsi absolument rien de ce que j'avais écrit dans la première version de mon livre. Les changements que j'ai introduits ont pour seul et unique but de mieux faire passer le même message.

Nombreux sont ceux qui m'ont dit : « *Vous recommandez de continuer à fumer jusqu'à la fin du livre ; cela ne fait qu'inciter le fumeur à reporter pendant des lustres la lecture du livre. Il faut donc que vous changiez cette instruction.* » Cette critique a l'air logique, mais que devrais-je dire ? Si je demandais d'arrêter immédiatement, beaucoup de fumeurs ne prendraient même pas la peine de lire ce livre.

L'idée de laisser le fumeur continuer de fumer pendant la lecture du livre m'est venue grâce à l'un de mes tout premiers patients. Il m'avait alors avoué qu'il avait beaucoup de scrupules à recourir à mon aide. Il m'expliqua qu'il avait une énorme volonté et qu'il maîtrisait tout ce qui lui arrivait dans la vie, à part la cigarette. Il ne comprenait pas que tant de fumeurs arrivent à cesser de fumer alors qu'ils avaient certainement une volonté bien moins forte que la sienne. Il m'expliqua ensuite qu'il était prêt à participer à mes séances, à condition qu'il puisse fumer lorsqu'il en aurait envie.

Cela m'apparut d'abord apparu comme une contradiction, puis je compris le souci de cet homme. Il pensait qu'arrêter de fumer était une chose très difficile. Et de quoi a-t-on besoin quand on se trouve face à un obstacle insurmontable ou presque ? De notre béquille. Ainsi, le fait d'arrêter de fumer apparaît comme une double épreuve. Non seulement il faut effectuer une tâche difficile (arrêter), mais en plus on ne peut plus, pour cela, avoir recours à son soutien habituel dans de telles circonstances.

Ce n'est que longtemps après que cet homme fut parti (guéri) que je compris que toute la beauté de ma méthode résidait dans cette instruction de continuer à fumer pendant la thérapie. Vous pouvez continuer à fumer pendant que vous arrêtez ! Ainsi, vous vous débarrassez de toutes vos craintes et peurs et, lorsque vous finissez par écraser cette dernière cigarette, vous êtes déjà un non-fumeur et vous réjouissez de l'être.

Il y a en réalité un seul chapitre de l'édition originale de ce livre qui m'ait posé un problème de conscience. C'est celui-ci, qui devait définir le moment propice pour arrêter. Quelques lignes au-dessus, je vous conseillais de choisir d'arrêter lors d'une période où la cigarette est pour vous (relativement) de moindre importance. Par exemple, si vous fumez essentiellement lorsque vous êtes stressé, choisissez une période de vacances pour arrêter, et vice versa. En fait, ce n'est pas le meilleur moyen pour réussir. Au contraire, le meilleur moyen consiste à choisir précisément ce que vous tenez pour le pire moment. En effet, après vous être prouvé à vous-même que vous pouvez faire face à la « pire » des situations sans une cigarette, les autres situations courantes ne vous poseront aucun problème. Inversement, garder l'idée que l'avenir réserve des situations plus difficiles que celles qu'on a choisies pour arrêter s'inscrit tout à fait dans la logique de la certitude que la cigarette est d'un quelconque apport.

Cependant, il ne m'est pas apparu réaliste de préconiser une telle démarche, car elle aurait certainement provoqué d'énormes réticences chez un grand nombre de fumeurs, qui gardent une forte appréhension de leur vie sans cigarette. Auriez-vous essayé d'arrêter si je vous avais demandé de choisir le pire moment ?

Utilisons (encore) une analogie pour illustrer mon propos. Ma femme et moi allons souvent nager à la piscine. Nous y arrivons en même temps, mais nageons rarement ensemble. La raison en est qu'elle a besoin d'un temps fou pour s'immerger complètement. Elle commence par les orteils et cela dure souvent une demi-heure. Pour ma part, je ne supporte pas ce supplice. Je sais que, de toute façon, même si l'eau est très froide, je finirai bien par y aller. J'ai appris à surmonter l'épreuve de l'immersion de la manière la plus facile : je plonge directement. Maintenant, en supposant que je sois dans la position d'imposer à ma femme soit de rentrer directement en plongeant, soit de ne pas nager du tout, je sais qu'alors elle choisirait de ne pas nager du tout. Comprenez-vous mon point de vue ?

Avec le recul, je sais que de nombreux fumeurs ont en effet suivi ce conseil de reculer le moment fatidique. J'ai ensuite eu envie d'utiliser une technique similaire à celle que j'ai préconisée dans le chapitre XXI concernant les avantages de la cigarette. Ainsi, le présent chapitre aurait pu consister à écrire en bas de page : « ... *nous allons voir dans le prochain chapitre quel est le meilleur moment pour arrêter...* » Vous tournez la page et découvrez en gros caractères : « *Maintenant.* » Je pense que c'est effectivement le meilleur conseil, mais le suivriez-vous ?

C'est un aspect subtil et paradoxal du piège de la cigarette. Lorsque nous sommes réellement stressés, nous pensons que ce n'est pas le moment d'arrêter. Et si tout va bien, nous n'avons aucun désir d'arrêter.

Posez-vous les questions suivantes.

Lorsque vous avez fumé votre première cigarette, avez-vous vraiment pris la décision de fumer le reste de votre vie, chaque jour, sans être capable d'arrêter ? **Non, bien sûr !**

Allez-vous continuer le reste de votre vie, chaque jour, pendant toute la journée, sans être capable de vous arrêter ? **Non !**

Alors, quand arrêterez-vous ? Demain ? L'année prochaine ? L'année suivante ?

N'est-ce pas cette même question que vous vous posez depuis que vous avez pris conscience d'être devenu accro ? Espérez-vous qu'un matin vous vous réveillerez et que l'envie de fumer aura disparu comme par enchantement ? Ne vous faites pas d'illusions. J'ai attendu ce matin pendant trente-trois ans, en vain. La dépendance à une drogue tend à s'accroître, pas l'inverse. Si vous pensez que cela sera plus facile demain, vous rêvez ! Si vous n'y arrivez pas aujourd'hui, qu'est-ce qui vous fait penser que cela sera plus facile demain ? Allez-vous attendre d'avoir contracté une des maladies irréversibles ? Ce serait trop tard, malheureusement.

Le vrai piège est de croire que maintenant n'est pas le bon moment et que ce sera plus facile demain.

Nous croyons avoir des vies terriblement stressantes. C'est faux. Les pires situations de stress font partie du passé. Lorsque nous sortons de chez nous, il est rare que nous ayons à craindre l'attaque d'un animal sauvage. Un grand nombre d'entre nous n'ont pas à se soucier du repas qui vient et d'avoir un toit pour la nuit. Pensez à la vie d'un animal sauvage. Pensez au lapin qui, chaque fois qu'il sort de son terrier, doit, toute sa vie, affronter bien pis que le Viêt-nam. Pourtant, il le supporte. À la vérité, les périodes les plus stressantes de notre vie demeurent l'enfance et l'adolescence. Quelques millions d'années de sélection naturelle nous ont armés pour faire face au stress. J'avais cinq ans lorsque la guerre a commencé. Nous avons subi des bombardements et j'ai été séparé de mes parents pendant plus de deux ans. J'ai été hébergé par des gens qui m'ont maltraité. Cela a été la période la plus difficile de ma vie. Cependant, je m'en suis tiré. Je ne pense pas en avoir été affaibli. Au contraire, il me semble que cela m'a endurci et m'a été profitable. Si je considère toute mon existence passée, je constate qu'il n'y a qu'une chose à laquelle je n'ai pas pu faire face, mon esclavage à l'égard de cette satanée plante.

Il y a quelques années, j'étais persuadé que j'avais tous les tracas du monde sur les épaules. J'étais suicidaire, non pas dans le sens où j'aurais pu sauter par la fenêtre, mais parce que je savais que la cigarette était en train de me tuer. Je pensais que, vu ce que ma vie était avec ma béquille, elle ne valait pas la peine d'être vécue sans elle. Je ne réalisais pas que, lorsqu'on est déprimé et affaibli, le moindre problème prend des proportions démesurées. Maintenant, je me sens comme un jeune homme et une seule chose a changé dans ma vie : je ne fume plus.

Dire que la santé est essentielle est peut-être un cliché, mais c'est absolument vrai. Je ne pouvais pas supporter, alors, les fanatiques de *fitness*. Je pensais qu'il y avait bien plus important dans la vie que de se sentir en forme : l'alcool et le tabac. J'avais absolument tort. Lorsqu'on se sent physiquement et mentalement fort, on peut apprécier les hauts et mieux supporter les bas. Nous avons tendance à confondre la responsabilité et le stress. La responsabilité n'est un facteur de stress que si l'on n'est pas assez fort pour l'assumer. Ce qui détruit les plus forts d'entre nous, ce n'est pas le stress, le travail ou le fait de vieillir, mais ces prétendues béquilles vers lesquelles on se tourne, et qui ne sont que des mirages. Pour beaucoup, hélas, ces béquilles se révèlent mortelles.

Considérez plutôt les choses comme ceci. Vous avez déjà décidé que vous n'allez pas vous faire avoir jusqu'à la fin de vos jours. Alors viendra le moment où vous devrez franchir le pas, que ce soit facile ou non. Fumer n'est ni une habitude ni un plaisir. C'est un état de dépendance à l'égard d'une drogue et c'est aussi une maladie. Nous savons que, plus vous attendrez, plus il vous sera difficile d'arrêter. Avec une maladie qui empire progressivement, le moment de dire stop est venu. C'est **maintenant** ou le plus vite possible. Pensez comme les jours et les semaines passent vite. Pensez au soulagement extraordinaire de ne plus sentir cette épée au-dessus de votre tête, d'être enfin débarrassé de cette amer sentiment de culpabilité. Et si vous suivez mes instructions, vous n'aurez même pas à attendre. Vous trouverez la vie après votre dernière cigarette facile : **Vous l'apprécierez même !**

CHAPITRE XXIX

LA CIGARETTE VA-T-ELLE ME MANQUER ?

Non. Une fois que le petit monstre avide de nicotine sera mort, c'est-à-dire lorsque votre organisme aura cessé d'exiger sa dose de nicotine, tous les effets du lavage de cerveau auront disparu. Vous vous sentirez paré, physiquement et psychologiquement, à faire face aux stress et aux tracas de la vie, mais aussi disposé à profiter de ses bons moments.

Il y a un seul et unique danger, qui concerne l'influence des fumeurs. On dit que tout est toujours mieux ailleurs que chez soi. On peut comprendre que ce lieu commun soit si répandu, dans la vie courante, où l'on envie facilement autrui. Cela semble naturel. Mais pourquoi est-ce aussi le cas lorsqu'on arrête de fumer, alors que l'on sait pertinemment que les inconvénients sont sans commune mesure avec les prétendus avantages ?

Avec le lavage de cerveau, le bourrage de crâne incessant auquel on a été soumis depuis notre enfance, on peut comprendre pourquoi beaucoup se sont mis à fumer. Mais, puisqu'ils savent qu'il s'agit d'un jeu de dupes, quand ils ont finalement réussi à arrêter, qu'est-ce qui les pousse à retomber ? C'est l'influence des fumeurs.

C'est souvent au cours de sa vie sociale, en particulier

lors de repas. À peine son dessert terminé, le fumeur se jette sur sa cigarette et l'ex-fumeur, le voyant, se sent envahi d'un malaise. Il a soudain envie d'une cigarette. C'est une chose absolument extraordinaire qui mériterait qu'on y accorde une attention particulière. En effet, d'un côté, les non-fumeurs sont parfaitement heureux de ne pas s'être fait avoir par cette saleté, de l'autre, tous les fumeurs du monde, même ceux dont l'esprit est complètement intoxiqué par tous les *a priori* imaginables sur les bienfaits de la cigarette, croyant que cela leur apporte vraiment du plaisir, regrettent d'avoir un jour commencé. Alors qu'est-ce qui pousse les ex-fumeurs à envier les fumeurs au cours de telles occasions ? Il y a deux raisons à cela :

1 « *Juste une petite...* » Rappelez-vous que cela n'est pas concevable. Oubliez l'idée de cette entorse unique et considérez les faits du point de vue du fumeur. Vous l'enviez ? Il aimerait, quant à lui, ne pas avoir à fumer. Il vous envie donc. Commencez à observer les autres fumeurs. De cette observation vous tirerez le meilleur tremplin pour arrêter de fumer. Regardez comme une cigarette est vite consumée, et la vitesse avec laquelle on finit par en allumer une autre. Remarquez, en particulier, que le fumeur n'est même pas conscient d'avoir une cigarette à la bouche ; il les allume souvent de façon mécanique. Rappelez-vous, ce n'est pas qu'il les apprécie, car il ne les apprécie pas, c'est qu'il ne peut rien apprécier sans elles. Lorsqu'il va quitter votre compagnie, il continuera à fumer. Combien de cigarettes, avant de se coucher ? Pensez à son réveil, le lendemain matin, la gorge prise, les maux de tête... La prochaine fois qu'il souffrira de la poitrine, la prochaine journée sans tabac, lorsqu'il prendra le métro ou se rendra au théâtre, à l'hôpital, au musée, lorsqu'il lira une mise en garde contre les méfaits du tabagisme, ou qu'il pensera au cancer, qu'il ira voir un médecin, il devra continuer à payer le prix fort pour avoir le triste privilège de s'autodétruire. Il court vers une existence de saleté, d'esclavage, de mauvaise haleine, d'idées noires qui le poursuivront sans trêve. Tout ça pour quoi ? Pour bénéficier de l'illusion de se sentir normal, c'est-à-dire dans l'état qu'il avait avant de devenir accro. Cela semble tellement ridicule, mais c'est la réalité.

2 La seconde raison pour laquelle les ex-fumeurs ressentent un manque dans de telles circonstances est que le fumeur est occupé, alors que le non-fumeur reste inactif. Il se sent alors frustré. Mettez-le-vous bien dans la tête avant de commencer : ce n'est pas le non-fumeur qui manque quelque chose, mais bien le fumeur qui est privé :

de santé,
d'énergie,
d'argent,
de confiance en soi,
de sérénité,
de courage,
de liberté,
de respect de lui-même.

Perdez l'habitude d'envier les fumeurs et tenez-les pour ce qu'ils sont, des malades à plaindre. Je sais bien que j'étais le pire de tous. C'est pourquoi je peux parler en connaissance de cause, c'est pourquoi j'ai pu écrire ce livre, et c'est aussi pourquoi vous le lisez. Ceux qui ne veulent pas affronter la réalité et qui continuent à se bercer d'illusions sont les plus à plaindre.

Il ne vous est jamais venu à l'esprit d'envier un drogué à l'héroïne. Pourtant, l'héroïne tue quelque trois cents personnes chaque année dans ce pays (la Grande-Bretagne). Le tabac en tue plus de cent mille chaque année, et on estime ce chiffre à 2,5 millions pour la terre entière. Il a déjà tué sur cette planète plus que toutes les guerres de l'histoire réunies. Comme toutes les dépendances à l'égard d'une drogue, la vôtre ne peut qu'empirer. Si vous n'êtes pas heureux de fumer aujourd'hui, sachez que demain sera pire. N'enviez donc pas les autres fumeurs. Ayez de la pitié pour eux. **Ils ont besoin de votre compassion.**

CHAPITRE XXX

VAIS-JE PRENDRE DU POIDS ?

Voilà bien encore un mythe très répandu à propos de la cigarette, surtout chez les fumeurs qui, essayant d'arrêter en usant de la volonté, voient dans la nourriture une aide pour soulager leur sensation de manque. On confond facilement les sensations que procure le manque de nicotine à celles de la faim. Cependant, alors que la faim peut être satisfaite par la nourriture, le besoin de nicotine ne disparaît jamais vraiment.

Comme avec n'importe quelle drogue, le corps s'immunise rapidement contre la nicotine, qui cesse de soulager complètement les angoisses de manque. Dès l'extinction de la cigarette, la nicotine quitte rapidement l'organisme, provoquant chez l'usager une faim quasi permanente de cette substance. Le penchant naturel est d'en venir à fumer cigarette sur cigarette. Cependant, peu de fumeurs en viennent à cette extrémité :

1) parce qu'ils ne peuvent se le permettre financièrement ;
2) à cause de leur santé : ils savent que ce qu'ils prennent est un poison, et luttent pour limiter leur consommation.

Par conséquent, le fumeur doit supporter une faim permanente qui jamais ne disparaît vraiment. C'est pourquoi beaucoup deviennent boulimiques, alcooliques ou finissent même par prendre des drogues bien plus dures pour combler ce manque (la plupart des alcooliques sont aussi de grands fumeurs ; il semble que ce débordement soit réciproque).

La tendance habituelle, chez le fumeur, est de commencer par remplacer la nicotine par la nourriture. Pendant mes pires années, j'en venais à supprimer purement et simplement le petit déjeuner et le déjeuner. À la place, je passais ma journée à fumer continuellement. Les dernières années, j'attendais le soir avec impatience car je savais que ce serait une occasion de ne pas fumer. Je passais ces soirées à grignoter sans arrêt, pensant que c'était à cause de la faim. Il s'agissait en fait du manque de nicotine. Je remplaçais la nourriture par la nicotine pendant la journée, et l'inverse le soir.

J'étais alors deux fois plus gros que maintenant et je ne pouvais rien faire pour y remédier.

Une fois que ce petit monstre a quitté votre corps, cet affreux sentiment d'insécurité prend fin. Vous retrouvez votre confiance et redécouvrez le merveilleux sentiment du respect de soi. Vous avez enfin l'assurance nécessaire pour prendre votre vie en main, non seulement en ce qui concerne vos habitudes nutritives, mais aussi dans beaucoup d'autres domaines. C'est un des nombreux avantages que vous allez trouver en vous libérant de ce supplice incessant.

La prise de poids lors de la période de sevrage correspond ainsi à la substitution de la cigarette par la nourriture. Les substituts ne rendent, en fait, pas la tâche plus facile. Au contraire. Je consacre un chapitre au problème des substituts dont l'ex-fumeur dispose pour pallier le manque de nicotine.

CHAPITRE XXXI

ÉVITEZ LES FAUX STIMULANTS

Il est courant que certaines personnes aient recours à de faux stimulants pour arrêter de fumer.

Elles en viennent à se dire, par exemple, que l'argent économisé permettra de passer de superbes vacances. Ce type de motivation semble, au premier abord, logique et sensé. Il est cependant hypocrite, car tout fumeur qui se respecte préfère fumer cinquante-deux semaines par an sans avoir de vacances. En outre, une appréhension certaine subsistera dans l'esprit du fumeur : non seulement il ne devra plus fumer de l'année, mais encore il a peur de ne pouvoir apprécier ses futures vacances sans cigarette. Tout cela ne fait qu'accroître le sentiment de sacrifice qui l'habite, rendant ainsi la cigarette encore plus précieuse à ses yeux. Il faut, au contraire, se concentrer sur l'autre côté du problème : qu'est-ce que la cigarette peut bien m'apporter ? Pourquoi ai-je besoin de fumer ? Vous pourriez aussi vous dire : « *Je vais pouvoir m'acheter une nouvelle voiture, un nouveau tailleur...* » Ici encore, il s'agit d'une fausse motivation : ce prétexte vous fera certainement tenir quelque temps, mais que se passera-t-il lorsque vous aurez cette voiture ? Vous sentirez alors qu'il vous manque toujours quelque chose, et trouverez, tôt ou tard, une raison pour replonger.

Je citerai un troisième exemple, celui du pacte conclu avec un ami ou un proche pour arrêter ensemble. Ces leurres ont un avantage certain à court terme, mais ils se soldent généralement par un échec. Les raisons en sont les suivantes :

1 Il s'agit de faux stimulants. Pourquoi arrêteriez-vous uniquement parce que les autres le font ? Cela ne fait que créer une pression supplémentaire et augmenter d'autant le sentiment de sacrifice. Si tous ces fumeurs veulent vraiment arrêter au même moment, il n'y a rien à dire. On ne peut cependant pas forcer un fumeur à arrêter, même s'il le désire secrètement, avant qu'il l'ait décidé par lui-même et qu'il y soit prêt. Sinon cela ne fait qu'augmenter son envie de fumer. Au bout de quelques jours difficiles, les prétendants au pari commencent par fumer en cachette, avec les aggravations du sentiment de frustration et de dépendance que cela implique.

2 Le prétexte de la dépendance des uns envers les autres. Avec toute méthode fondée sur la volonté, le fumeur entreprend une période de pénitence pendant laquelle il attend que l'envie de fumer disparaisse. S'il retombe, il le ressentira comme un échec personnel. Si plusieurs personnes ont pris le même engagement, il est statistiquement certain que l'une d'elles va, très vite, craquer. Les autres auront alors l'excuse qu'elles attendaient. Ce n'est pas leur faute, mais celle du premier à avoir craqué. Eux auraient pu tenir, mais le pacte a été rompu. En vérité, il est très probable que beaucoup trichaient déjà, et attendaient seulement que le plus honnête avoue sa faute.

3 Par ailleurs, si vous pactisez ainsi, l'initiative sera moins encouragée. D'une part, en cas d'échec, le sentiment sera partagé, voire déchargé, sur la personne qui cédera la première. Ainsi, on se laisse plus facilement aller. D'autre part, le fait d'arrêter de fumer procure un merveilleux sentiment de réussite : si c'est la conséquence d'une volonté personnelle, l'encouragement de vos amis, de vos proches et de vos collègues peut vous faire franchir le barrage des premiers jours, toujours difficiles. Si tout le monde essaie en même temps, cela banalise l'événement, au contraire, et les encouragements se trouvent répartis sur l'ensemble des engagés.

Une pratique assez répandue consiste à mettre en jeu une somme d'argent. Citons le cas du fumeur qui promet une somme d'argent à son fils s'il échoue ou du pari entre amis. Je me souviens d'un programme à la télévision : un policier racontait qu'il avait introduit un billet de 20 livres dans son paquet de cigarettes, et qu'il lui faudrait donc brûler ce billet pour pouvoir fumer une cigarette. Ce pacte conclu avec lui-même lui a permis de tenir quelques jours, mais il a fini par replonger et par brûler le billet.

Ne vous leurrez plus ! Les 300 000 francs que le fumeur moyen dépense en cigarettes au cours de sa vie ne l'arrêtent pas, ni le risque d'une chance sur quatre d'y rester à cause de la cigarette, ni le supplice continuel, ni la vie d'esclavage et le mépris de soi. Quelques prétextes fallacieux ne risquent donc pas de faire la moindre différence. Ce n'est pas sur cela qu'il faut se concentrer.

Quel intérêt ai-je à fumer ? **Absolument aucun.**

Pourquoi ai-je besoin de la cigarette ? **Vous n'en avez pas besoin. Vous ne faites que vous infliger une punition.**

CHAPITRE XXXII

ARRÊTER DE FUMER, EN FAIT C'EST FACILE

Ce chapitre présente les instructions pour arrêter de fumer sans difficulté. Si vous les suivez à la lettre, cette entreprise vous apparaîtra relativement facile et peut-être même vraiment agréable. Mais rappelez-vous qu'il est indispensable de bien suivre mes recommandations.

Ainsi, il est extrêmement facile d'arrêter. Il y a deux choses que vous devez faire :

1 Prenez la décision que vous ne fumerez plus jamais.
2 Ne vous morfondez pas. Réjouissez-vous, au contraire.

Vous vous demandez peut-être s'il est nécessaire de lire le reste du livre. Après tout, j'aurais bien pu terminer mon livre par ce chapitre. Cependant, vous auriez tôt ou tard commencé à regretter la cigarette, ce qui vous aurait conduit tout droit à l'échec. Cela a d'ailleurs déjà dû vous arriver. Afin de garantir le succès, il est nécessaire de vous préparer à ce que sera l'après-cigarette et aux pièges qu'il vous faudra éviter.

Toute l'alchimie de la cigarette est un piège subtil et sinistre. Le vrai problème ne concerne pas la dépendance chimique mais la dépendance psychologique, ce que je considère comme un véritable lavage de cerveau.

Il faut donc, avant de passer à l'acte, explorer les mythes et illusions concernant la cigarette. Si vous connaissez votre ennemi, si vous savez la tactique qu'il utilise, vous pourrez facilement le battre.

J'ai fait, pour en finir avec le tabac, de nombreuses tentatives qui m'ont plongé dans une totale dépression pendant des semaines entières. La dernière – la bonne – m'a permis de passer de cent cigarettes par jour à zéro, sans une minute de souffrance. C'était agréable, même lors de la période de sevrage, et je n'ai jamais ressenti le moindre manque depuis. C'est, au contraire, la chose la plus extraordinaire qui me soit arrivée.

J'ai mis longtemps à comprendre pourquoi cela avait été si facile. Sans en connaître les causes exactes, j'étais certain que plus jamais je ne fumerais. Les tentatives précédentes s'étaient soldées par des échecs car je ne faisais qu'essayer d'arrêter, espérant que, si je pouvais survivre assez longtemps sans cigarette, l'envie finirait par disparaître. Pourtant, ma motivation était toujours bien réelle. Chaque fois, j'attendais que quelque chose se passe en moi. Et comme rien n'arrivait, plus j'y pensais, plus j'avais envie d'une cigarette, alors que j'étais pourtant débarrassé de ma dépendance physique.

Mon ultime essai a été différent. Comme beaucoup, j'avais longuement réfléchi à ce problème. Jusqu'alors, je me consolais de chaque échec avec l'idée que ce serait plus facile la fois suivante, pensant même qu'il s'agissait d'une simple question d'habitude. Jamais l'idée que je devrais continuer à fumer le restant de mes jours ne m'avait traversé l'esprit. Le jour où elle le fit, cette pensée me glaça le sang, me forçant à réfléchir vraiment.

Au lieu d'allumer les cigarettes sans y prêter attention, j'ai commencé par analyser chaque fois les sentiments que j'avais alors. Cela m'a vite permis de confirmer ce que je savais déjà : je n'appréciais pas le fait de fumer et, sincèrement, chaque cigarette était pour moi désagréable et même dégoûtante.

J'ai aussi commencé à observer les non-fumeurs; je les avais toujours considérés comme des personnes insipides et asociales. Je me rendais compte que c'étaient, en fait, des personnes généralement fortes et détendues, aptes à faire face au stress et aux aléas de la vie et mieux à même de profiter de la vie sociale que les fumeurs, montrant d'ailleurs bien plus de dynamisme que ces derniers.

Je me suis aussi décidé à parler avec des ex-fumeurs. Pensant qu'ils avaient été forcés d'arrêter pour des raisons liées à la santé ou à l'argent, j'étais persuadé qu'ils avaient toujours secrètement envie d'une cigarette. Lorsque je leur exposais mon point de vue, certains me répondaient qu'ils avaient bien des sensations de manque, mais qu'elles étaient de plus en plus rares et qu'ils n'y prêtaient pas attention. Mais la grande majorité d'entre eux répondaient qu'ils ne ressentaient aucun manque et qu'ils ne s'étaient jamais aussi bien sentis.

Ces conversations ont également éradiqué un autre mythe auquel j'avais toujours cru. J'étais fermement persuadé qu'il y avait une faiblesse en moi qui me poussait à fumer. Ils m'ont fait découvrir avec stupéfaction que cette faiblesse était le cauchemar de tous les fumeurs. J'en suis finalement venu à la conclusion suivante : des millions de gens arrêtent et peuvent vivre de façon tout à fait heureuse sans fumer. Je n'avais pas besoin du tabac avant de commencer à fumer et je me souviens avoir trimé dur pour devenir un fumeur : pourquoi aurais-je besoin, maintenant, des cigarettes ? Je n'ai jamais aimé fumer. Je hais ce rituel sale et je ne veux pas rester toute ma vie esclave de cette plante dégoûtante. Je me suis alors dit : « ***Allen, que tu le veuilles ou non, tu as fumé ta dernière cigarette.*** »

Je savais que, dès ce moment-là, je ne retoucherais plus une cigarette. Je ne croyais pas que ce serait facile, je peux même dire que je m'attendais à passer de terribles épreuves. J'étais persuadé que j'avais signé pour des mois de dépression et que je passerais le reste de ma vie à subir un manque occasionnel. À l'inverse, cela s'est révélé, dès le début, une complète euphorie.

J'ai mis très longtemps à comprendre pourquoi cela m'avait été si facile et pourquoi je n'avais pas ressenti ces terribles angoisses de manque. La réponse est qu'elles n'existent pas. Le doute et les préjugés sont les uniques responsables des symptômes de manque. La formidable vérité est qu'**il est très facile d'arrêter.** Le fait que vous y trouviez une difficulté provient de votre inquiétude, qui tourne à l'obsession. Même lorsque vous êtes sous l'emprise de la nicotine, vous arrivez sans le moindre mal à vous abstenir pendant de longues périodes. C'est lorsque vous avez envie d'une cigarette, mais que vous ne pouvez en trouver une autour de vous, que la souffrance se manifeste.

Par conséquent, pour rendre cette entreprise facile, il faut être absolument résolu. La bonne attitude ne consiste pas à espérer la victoire, mais à savoir que l'on a pris une décision irrévocable et que c'est gagné. Il ne faut jamais remettre ce principe en question. Au contraire, passez au niveau supérieur et réjouissez-vous de votre décision.

Si vous pouvez être sûr de vous dès le début, ce sera facile. Mais comment pouvez-vous en être certain, sans savoir si cela va être facile ou non ? C'est afin de vous en assurer que le reste du livre vous sera très utile. Il est nécessaire, avant même de commencer, de bien connaître et de comprendre plusieurs points essentiels :

1 Soyez sûr que vous pouvez y arriver. Votre rapport avec la cigarette n'est en aucun cas pire que celui de tout autre fumeur. Vous-même et vous seul pouvez vous forcer à fumer.

2 Il n'y a absolument rien à abandonner. Les aspects positifs sont au contraire immenses, sur le plan de la santé, de la confiance en soi... Les bons moments seront meilleurs et les mauvais plus supportables.

3 Rentrez-vous bien dans le crâne que « *juste une seule petite cigarette* », cela n'existe pas. Fumer est à la fois la dépendance à l'égard d'une drogue et une réaction en chaîne. En faisant une fixation sur la cigarette, vous vous punirez sans raison.

4 Considérez simplement que le fait de fumer n'est pas une habitude mauvaise pour la santé, mais bien l'aliénation à une drogue. Acceptez le fait, que cela vous plaise ou non, que **vous avez contracté cette maladie**. Vous ne la ferez pas disparaître en vous enfonçant la tête dans le sable. Souvenez-vous que cette maladie dure toute la vie et qu'elle ne peut qu'empirer. Le seul moyen d'y mettre un terme est d'arrêter, et, le meilleur moment, maintenant.

5 Distinguez bien la maladie (c'est-à-dire la dépendance chimique) de l'état d'esprit d'être ou non un fumeur. Chaque fumeur, s'il avait la possibilité de revivre le moment où il a commencé à fumer, voudrait ne pas retomber dans cette dépendance. Cette occasion, vous l'avez aujourd'hui. Il ne s'agit pas d'envisager que vous allez *abandonner* la cigarette. Lorsque vous aurez pris la décision finale et fumé votre dernière cigarette, vous serez déjà un non-fumeur. Un fumeur est un pauvre malheureux qui doit vivre en se détruisant avec des cigarettes. Un non-fumeur n'y est pas obligé et s'en porte bien mieux. Une fois que vous avez pris la décision, votre but est, en fait, atteint. Savourez votre victoire immédiatement. La vie peut être merveilleuse, même si vous restez encore sous l'influence de la nicotine, influence qui va aller en s'amenuisant.

La clé de cette facilité est d'être certain que vous parviendrez à vous abstenir pendant toute la période de sevrage, soit trois semaines au maximum. Si vous y êtes bien préparé, cela ne présentera aucune difficulté.

À ce stade du livre, si vous avez vraiment ouvert votre esprit à mes propos, il est certain que vous avez déjà pris la décision d'arrêter. Vous devriez même dès maintenant être impatient de vous lancer, d'évacuer le poison de votre corps.

Si, cependant, l'idée d'arrêter ne vous enchante pas, ce sera pour l'une des raisons suivantes :

1. Il y a quelque chose que vous n'avez pas assimilé. Relisez les cinq points précédents et demandez-vous si vous êtes d'accord. Si un doute subsiste, relisez les chapitres correspondants.
2. Vous avez peur de l'échec. Ne vous tracassez pas. Continuez simplement à lire, le succès ne fait pas de doute. Le tabagisme est une énorme escroquerie. Puisque vous êtes conscient désormais qu'il ne s'agit que d'un jeu de dupes, déjouer ce piège ne vous posera pas de problème.
3. Vous êtes d'accord avec tout ce qui précède et pourtant vous êtes toujours malheureux. C'est idiot ! Ouvrez les yeux, quelque chose d'extraordinaire est en train de se passer. Vous allez vous échapper de cet enfer.

Répétez-vous bien, avant de vous lancer, qu'il est merveilleux d'être un non-fumeur. Maintenez-vous dans cet état d'esprit pendant la période de sevrage. Les prochains chapitres traitent de points spécifiques pour vous permettre de garder cette confiance. Après une période de deux ou trois semaines, il ne vous sera même plus nécessaire de penser ainsi. Du moins, cela sera complètement automatique et le seul mystère qui subsistera sera de comprendre pourquoi vous vous êtes fait avoir pendant si longtemps. Cependant, je dois insister sur deux risques très importants :

1. Attendez d'avoir complètement terminé le livre (et de l'avoir bien assimilé) pour passer à l'acte.
2. J'ai, à plusieurs reprises, évoqué la période de sevrage. Il faut cependant éviter deux malentendus.

Tout d'abord, vous pourriez croire inconsciemment que vous êtes condamné à trois semaines de souffrance. C'est faux. Ensuite, évitez de tomber dans un nouveau piège, en pensant qu'il suffit de ne pas fumer pendant trois semaines pour être définitivement libéré. Rien ne se passera après la troisième semaine. Vous n'entrerez pas soudainement dans la peau d'un non-fumeur. Il n'y a pas de sentiment spécifique aux non-fumeurs (même si le fait de ne plus fumer demeure une libération). Sachez surtout que, si vous broyez du noir pendant ces trois semaines, il en sera certainement de même ensuite. Vous devez absolument commencer avec l'idée que vous n'allez plus fumer et que c'est merveilleux. Alors, après quelques semaines, toute tentation aura disparu. Mais si vous vous dites : « *Si seulement j'arrive à tenir trois semaines, alors ce sera gagné* », il est certain que votre envie de cigarettes ne fera que s'accroître.

CHAPITRE XXXIII

LA PÉRIODE DE SEVRAGE

Vous serez peut-être parfois, pendant les trois semaines suivant votre dernière cigarette, sujet à des crises de manque. Les symptômes que vous observerez alors peuvent être classés en deux catégories :

1 Les crises de manque de nicotine, cette sensation de vide et de malaise semblable à une faim (légers tiraillements d'estomac) que les fumeurs assimilent à un fort désir de faire quelque chose de leurs mains.
2 Le catalyseur psychologique que sont certains événements tels que la conversation téléphonique, la fin du repas, etc.

L'échec des personnes essayant d'arrêter par le seul recours à la volonté (méthode classique) est dû à l'absence de compréhension et de différenciation de ces deux phénomènes distincts, à savoir les dépendances physique et psychologique. Ce type de confusion explique aussi que beaucoup replongent même après une très longue période d'abstinence, alors qu'ils se sont depuis longtemps débarrassés de leur dépendance à la nicotine.

Les symptômes de manque dus à la nicotine sont pratiquement imperceptibles. Il ne faut cependant pas en sous-estimer le pouvoir. Si l'on s'abstient de manger pendant trop longtemps, il arrive que l'on ressente des brûlures d'estomac. Il s'agit en fait plus de démangeaisons et de gargouillements que d'une réelle douleur. Pourtant, on sait combien la faim rend vite nerveux et irritable. Notre faim de nicotine est tout à fait comparable. Il y a néanmoins une différence fondamentale : notre corps a besoin de s'alimenter, mais il n'a absolument pas besoin de nicotine. Avec le bon état d'esprit, on parvient rapidement à maîtriser ces symptômes.

Même si le fumeur a fait appel à une méthode basée sur la volonté, après quelques jours d'abstinence, sa faim de nicotine s'estompe rapidement. C'est le second facteur qui crée la difficulté. Le fumeur a pris, en effet, l'habitude de soulager son besoin de nicotine lors de certaines occasions particulières. Par association d'idées, comme celle du verre et de la cigarette, il en est venu à penser que la cigarette lui est indispensable dans de telles occasions. Un exemple permettra de mieux comprendre cela.

Vous avez une voiture depuis plusieurs années, dont la commande de clignotant se trouve à gauche du volant. Vous en achetez une nouvelle dans laquelle cette même commande est à droite. Bien que vous sachiez cette différence, vous enclencherez, pendant plusieurs semaines, systématiquement les essuie-glaces avant de prendre un virage.

Notre comportement lorsqu'on arrête de fumer est similaire. Les premiers jours d'abstinence, le mécanisme se manifestera à certains moments. Vous penserez alors : « *Je veux une cigarette.* » Si vous contrez ce mécanisme à la racine, il disparaîtra rapidement. La méthode classique, en persuadant le fumeur qu'il fait un grand sacrifice, l'incite à se tourmenter à cause de la cigarette. Alors qu'il attend que cette envie disparaisse, son obstination ne fait qu'enraciner sa dépendance.

Le catalyseur le plus courant est le repas, surtout celui entre amis, au restaurant. L'ex-fumeur est déjà malheureux de ne pas avoir sa cigarette. Il se sent encore plus frustré lorsqu'un de ses amis en allume une, et il a l'impression de ne pas profiter du repas comme il le voudrait. Son association de la cigarette avec le repas et l'occasion sociale le font souffrir trois fois plus et, par la même occasion, aggravent sa dépendance psychologique. S'il fait preuve de volonté pendant une période suffisante, il finira par accepter son lot et reprendra une vie normale. Cependant, le lavage de cerveau n'est pas complètement effacé et l'on voit des personnes qui, des années après avoir arrêté (contraintes), lors de certaines grandes célébrations, crèvent toujours d'envie d'en fumer une. Le fumeur est victime d'une illusion qu'il a lui-même créée alors qu'il n'a aucune raison, absolument aucune, de se torturer ainsi.

Avec ma méthode, la majorité des échecs (car il y en a) est due à la réponse à un déclic. L'ex-fumeur a tendance à considérer la cigarette comme une sorte de placebo, comme un simple cachet, qui ne contiendrait que du sucre. Il pense : « *La cigarette ne me fait rien, mais si je décide qu'elle a un pouvoir, elle peut alors m'aider lorsque j'aurai besoin d'un stimulant.* »

Un cachet au sucre, qui n'a pourtant rien de magique, peut se révéler une puissante aide psychologique pour soulager de réels symptômes. Il peut donc être bénéfique. Ce n'est pas le cas de la cigarette. Elle crée le symptôme qu'elle soulage et finit, à la longue, par ne plus le soulager complètement. Ce *cachet*-là est une drogue et, rappelons-le encore, le tueur numéro un de notre société.

Il vous sera peut-être plus facile de comprendre cet effet avec un exemple. Prenez le cas d'une femme (non fumeuse) qui perd son mari. Il est tout à fait courant d'entendre dire, de la part d'un ami (fumeur), avec pourtant les meilleures intentions du monde : « *Prends une cigarette, cela t'aidera à te calmer.* »

La cigarette acceptée n'aura aucun effet apaisant parce que cette femme, n'ayant aucune dépendance à l'égard de la nicotine, n'a par conséquent aucun manque à soulager. Au mieux, cela aura l'effet psychologique d'un remontant temporaire. Une fois la cigarette éteinte, la situation restera en tout point aussi tragique qu'auparavant. Elle sera peut-être même pire, cette femme risquant en effet de développer une accoutumance – même infime – à la cigarette, qui la poussera ensuite à en fumer d'autres. Le seul effet que l'on puisse accorder à cette cigarette est celui d'un léger remontant, comme un verre de scotch ou, mieux, quelques paroles réconfortantes. Beaucoup de non-fumeurs ou d'ex-fumeurs se sont fait piéger par la cigarette lors de telles circonstances.

Il est essentiel de contrer dès le début l'effet du lavage de cerveau. Cela doit être clair : vous n'avez pas besoin de la cigarette et, en continuant de la considérer comme un support ou un stimulant, vous ne faites que vous torturer. Il n'y a aucune raison à cela. Les cigarettes ne créent pas les moments forts, elles les ruinent. Rappelez-vous, en particulier lors des repas, que les fumeurs ne fument pas parce qu'ils trouvent cela agréable, mais parce qu'ils ne peuvent pas faire autrement. Ce sont des drogués. Ils ne peuvent vivre heureux sans leur dose de nicotine.

Abandonnez le concept de la cigarette en tant que plaisir. Beaucoup de fumeurs pensent : « *Si seulement il y avait une cigarette inoffensive !* » Il y en a ! Tout fumeur qui essaie les cigarettes à l'eucalyptus laisse vite tomber, car il s'agit d'une perte de temps. En effet, fumer des cigarettes aux herbes est une chose complètement stupide. Mais quelle est la différence entre fumer une cigarette aux herbes et une vraie cigarette ? La nicotine. Ne racontez pas que les cigarettes ont meilleur goût, vous savez bien que c'est faux. On n'a jamais vu quelqu'un fumer régulièrement des cigarettes à l'eucalyptus et cela devrait être exactement la même chose pour toutes les cigarettes. Le problème est que la nicotine contenue dans le tabac introduit un facteur de dépendance qui vous empêche d'être lucide. Qu'il soit clair dans votre esprit que la seule véritable raison pour laquelle vous fumez demeure le besoin de nicotine. Lorsque vous vous serez débarrassé de ce besoin de nicotine, vous n'aurez pas plus de raison de vous mettre une cigarette dans la bouche que dans l'oreille.

Que les angoisses soient dues au manque physique de nicotine (sensation de vide) ou à un déclic psychologique, il vous faut les accepter. La douleur physique est pratiquement insignifiante et, avec le bon état d'esprit, cela n'est plus un problème. Ne vous tracassez donc pas à propos du manque. La sensation elle-même n'est pas méchante. Les vrais problèmes sont l'association de cette sensation avec le désir d'une cigarette et le sentiment de rater quelque chose.

Au lieu de vous laisser aller à un sentiment de regret, dites-vous : « *Je sais ce que c'est. Ce sont les symptômes du manque de nicotine, c'est ce qui fait souffrir les fumeurs toute leur vie et ce qui les pousse à continuer à fumer. Les non-fumeurs ne connaissent pas ces angoisses. Ce n'est qu'un tour de plus de cette drogue. C'est formidable, elle est en train de quitter mon corps.* »

En d'autres termes, vous subirez, au cours des trois prochaines semaines, un léger trauma ; mais, pendant ces trois semaines et pour le reste de votre vie, quelque chose d'extraordinaire va se produire. Vous vous débarrasserez de cette horrible maladie. Cette immense victoire fera bien plus que compenser l'infime trauma : elle vous amènera certainement à trouver les symptômes de manque relativement plaisants. Ils deviendront des raisons de vous réjouir.

Considérez ce processus comme un jeu où le *petit monstre* est une sorte de parasite à l'intérieur de votre estomac. Vous allez l'affamer pendant quelques semaines et lui va essayer de vous pousser à allumer une cigarette pour se maintenir en vie.

Méfiez-vous car, à certains moments, il essaiera de vous rendre malheureux, parfois même à un moment où vous ne serez pas sur la défensive. Quelqu'un vous offrira peut-être une cigarette alors que vous aurez, un instant, oublié que vous avez arrêté. Vous sentirez alors un léger sentiment de frustration en vous le rappelant. Soyez prêt d'avance à affronter ce genre de situation. Quelle que soit la tentation, soyez sûr qu'elle est le fait du monstre qui loge dans votre estomac. Chaque fois que vous lui résistez, vous gagnez une bataille qui aurait pu être mortelle pour vous.

Dans tous les cas, n'essayez pas d'oublier la cigarette. C'est une attitude qui pousse les (ex)-fumeurs vers la dépression. Ils essaient de survivre chaque jour avec l'espoir de finir par l'oublier. Ainsi en est-il de l'insomnie : plus vous vous en inquiétez, moins vous arrivez à dormir.

De toute façon, vous n'arriverez pas à oublier. Les premiers jours, le *petit monstre* ne se lassera pas de vous le rappeler et vous ne pourrez rien y faire. Tant qu'il y aura des fumeurs et de la publicité pour les cigarettes, vous ne pourrez pas oublier.

Le fait est qu'il n'y a aucune raison d'oublier. Il n'y a rien de mal à ce qui vous arrive, au contraire : c'est merveilleux ! Même si vous y pensez cent fois par jour, **savourez chaque moment. Rappelez-vous comme il est formidable d'être libre à nouveau, de ne plus avoir à étouffer.**

Ainsi, vous verrez que les symptômes de manque deviennent des moments de plaisir et vous serez surpris de la rapidité avec laquelle la cigarette vous sortira de l'esprit.

Quoi que vous fassiez, **ne doutez pas du bien-fondé de votre décision.** Si le doute s'installe, vous commencerez à vous lamenter et cela empirera. Utilisez plutôt de telles occasions comme une motivation supplémentaire. Si vous êtes déprimé, rappelez-vous que la cigarette ne fait qu'aggraver les choses. Si un ami vous offre une cigarette, répondez que vous êtes fier de ne plus en avoir besoin. Cela le blessera, mais l'aidera aussi à se préparer pour arrêter.

Rappelez-vous, lors des éventuels moments difficiles, que vous aviez de puissantes raisons d'arrêter. Rappelez-vous ce que vous coûtera la cigarette que vous pourriez vous accorder, le risque de ne plus vous en sortir. Par-dessus tout, rappelez-vous que ce sentiment n'est que **passager** et que chaque moment est un pas de plus vers votre but.

Certains fumeurs pensent qu'ils devront passer le restant de leur vie à réprimer les déclics psychologiques. En d'autres termes, ils croient qu'ils passeront leur vie à se persuader par des artifices psychologiques qu'ils n'ont pas envie d'une cigarette. Ce n'est pas le cas. Rappelez-vous que l'optimiste voit la bouteille à moitié pleine, alors que le pessimiste la voit à moitié vide. Dans le cas de la cigarette, la bouteille est vide et le fumeur la voit pleine. C'est lui qui a subi un lavage de cerveau, c'est lui qui est conditionné. Si vous commencez à vous dire que vous n'avez pas besoin de fumer, vous n'aurez même pas besoin de vous le répéter, car la douce vérité est... que vous n'avez aucune raison de fumer. C'est bien la dernière chose à faire. Assurez-vous que vous ne vous ferez plus jamais avoir.

CHAPITRE XXXIV

JUSTE UNE PETITE « TAF »

Cette fameuse *taf* a causé la perte de bon nombre de fumeurs. Ces derniers tiennent héroïquement le coup pendant quelques jours puis s'accordent une taf ou deux pour surmonter leur angoisse. Ils ne réalisent pas l'effet dévastateur que cela produit sur leur moral.

Pour beaucoup, cette taf n'a même pas bon goût, confortant ainsi le fumeur dans l'idée qu'il n'a plus besoin de fumer. En fait, l'effet est tout à fait inverse. Tout d'abord, mettez-vous bien dans le crâne que **la cigarette n'a jamais été agréable**, pas plus maintenant que lorsque vous fumiez régulièrement. Ce n'est pas à cause du plaisir que vous fumez. Si c'était le cas, je vous rappelle que vous auriez arrêté dès la première cigarette.

La seule raison qui explique que vous ayez fumé est la nécessité de nourrir le petit monstre avide de nicotine. Pensez-y un peu : il a été affamé pendant plusieurs jours. La misérable taf a dû être pour lui un soulagement extraordinaire. Votre cerveau enregistre inconsciemment l'arrivée de nicotine toute fraîche et toute votre laborieuse préparation sera sapée. Une petite voix s'élèvera bientôt au fond de vous, disant, en dépit de tout logique : « *Elles sont si précieuses, j'en veux une autre !* »

Cette petite taf a deux effets dommageables :

1 Elle permet au petit monstre de survivre.
2 Plus grave, elle renforce le grand monstre (la dépendance psychologique). Si vous en avez pris une, la suivante viendra encore plus facilement.

Rappelez-vous : il a suffi d'une seule cigarette pour que vous vous mettiez à fumer.

CHAPITRE XXXV

EST-CE QUE CELA SERA PLUS DUR POUR MOI ?

Les combinaisons de facteurs qui déterminent le degré de facilité avec lequel chaque fumeur arrête sont infinies. Il est évident que le caractère de chacun, son environnement familial, professionnel et toutes les particularités personnelles entrent en jeu.

Certaines professions sont moins propices que d'autres, mais, à partir du moment où la dépendance psychologique se trouve éliminée, l'influence de l'environnement du fumeur est peu significative. Quelques exemples pourront vous être utiles.

Arrêter se révèle particulièrement difficile pour les membres du milieu médical. On pourrait penser le contraire, car ils connaissent mieux que quiconque les effets dramatiques du tabac sur la santé et en voient tous les jours les tristes conséquences. Mais, si leur environnement leur fournit de solides raisons pour arrêter, il ne rend pas pour autant l'acte plus facile. En voici les raisons :

1 La conscience permanente des risques qu'ils courent crée une peur et la peur est l'une des situations dans lesquelles on a besoin de soulager ses symptômes de manque.

2 Le travail d'un médecin est on ne peut plus stressant

et, habituellement, il ne peut pas soulager son surplus de stress (dû au manque de nicotine) pendant qu'il exerce.

3 Il éprouve un stress supplémentaire parce qu'il se culpabilise : il sent qu'il devrait donner l'exemple. Cela met plus de pression sur lui et accroît le sentiment de frustration.

Pendant les pauses bien méritées, alors que le stress professionnel est momentanément suspendu, il s'accorde une cigarette. Celle-ci devient extraordinaire car le fumeur lui attribue à tort l'entier effet bienfaiteur de la pause. Cette constatation s'applique évidemment à tout type de situation où le fumeur est forcé de s'abstenir pendant d'assez longues périodes. S'il essaie d'arrêter, le fumeur est malheureux car il sent qu'il se prive. Il ne profite pas pleinement de la pause et de la tasse de thé ou de café qui l'accompagne. À cause de l'association (en fait de la confusion) entre le plaisir que procure la pause et le soulagement du manque, la cigarette apparaît comme un bienfaiteur universel. En revanche, si, comme je me propose de vous l'expliquer, vous refusez d'agir en fumeur conditionné et que vous cessez de penser à la cigarette comme à un objet de convoitise, vous verrez que l'on peut toujours apprécier un tel moment, même si le corps réclame sa dose de nicotine.

L'ennui représente une autre situation délicate, particulièrement s'il alterne avec des périodes de stress. Les exemples typiques sont ceux du conducteur au volant ou de la « femme au foyer » avec des enfants en bas âge. Leur tâche, si stressante qu'elle puisse parfois être, est pourtant souvent monotone. Ces périodes monotones leur offrent, s'ils essaient d'arrêter de fumer, l'occasion de regretter la cigarette, ce qui accroît leur sentiment de dépression.

Encore une fois, on peut venir à bout de ce problème très facilement, en l'abordant avec l'état d'esprit adéquat. Ne vous tourmentez pas si, sans arrêt, tout semble vous rappeler que vous ne fumez plus. Utilisez de pareilles occasions pour vous réjouir du fait que vous vous débarrassez du monstre diabolique. Si vous abordez les choses de façon positive, ces symptômes de manque pourront devenir des moments agréables.

Rappelez-vous, quel que soit votre âge, votre sexe, votre milieu social et votre profession : vous arrêterez avec une grande facilité, si **vous suivez mes instructions**.

CHAPITRE XXXVI

LES PRINCIPALES CAUSES D'ÉCHEC

Les échecs ont deux causes essentielles. La première est l'influence des autres fumeurs. On allumera une cigarette devant vous, à un moment où vous serez particulièrement vulnérable, par exemple lors d'une occasion sociale (au restaurant, dans un bar, à la sortie d'un concert...). J'ai déjà longuement traité ce sujet. Ce genre de situation doit être pour vous l'occasion de vous rappeler que l'idée d'une *seule* cigarette est une utopie. Réjouissez-vous, car vous avez rompu le cercle vicieux. Rappelez-vous que le fumeur, la cigarette à la bouche, vous envie de ne pas fumer. Croyez-moi, c'est lui qui a besoin de votre pitié.

L'autre cause d'échec la plus répandue est le *mauvais jour*. Il faut que cela soit bien clair avant que vous ne commenciez, il y a des mauvais jours pour tout un chacun, fumeur ou non. On ne peut avoir de jours *avec* s'il n'y a pas de jours *sans*. Et la cigarette n'arrange pas les choses. Le problème est que, quand le fumeur a une mauvaise journée, il a envie d'une cigarette et, ainsi, dramatise son cas. Le non-fumeur est mieux paré, physiquement et mentalement, pour faire face à ce genre de situation.

Si votre mauvaise journée tombe pendant la période de sevrage, tenez le coup ! Rappelez-vous que vous connaissiez également des mauvais jours lorsque vous fumiez (sinon vous n'auriez jamais décidé d'arrêter). Au lieu de ronchonner, dites-vous quelque chose comme : « *Aujourd'hui, ce n'est pas terrible, mais la cigarette n'arrangera rien. Ça ira certainement mieux demain ! J'ai, au moins, une chance formidable : j'ai enfin arrêté de fumer* ».

Les fumeurs sont obligés de fermer les yeux sur les mauvais côtés du tabac. S'ils toussent, ce n'est jamais à cause de la cigarette : ils prennent froid tout le temps. Si leur voiture tombe en panne dans un endroit perdu, ils allument une cigarette. Dès que l'on a renoncé à fumer, on a tendance à accuser le fait d'avoir arrêté de tous les maux de la terre. Maintenant, lorsque votre voiture tombera en panne, vous penserez : « *Dans un moment pareil, j'aurais allumé une cigarette !* » C'est vrai, mais vous oubliez que celle-ci n'aurait pas résolu le problème ; vous ne faites que vous punir en vous morfondant pour une béquille illusoire. Vous créez une situation impossible. Vous regrettez de ne pas avoir une cigarette sous la main, mais vous savez que vous déprimeriez bien davantage si vous en fumiez une. Vous savez que, en décidant d'arrêter de fumer, vous avez fait le bon choix : ne vous punissez pas en doutant de votre décision.

Souvenez-vous, une approche mentale positive est un atout essentiel, toujours.

CHAPITRE XXXVII

LES SUBSTITUTS

Il existe, pour pallier l'absence de la cigarette, divers substituts, comme les chewing-gums, les bonbons, les cigarettes sans tabac et certains comprimés... **N'en prenez aucun** ! Ils rendent votre tâche plus difficile. Si vous ressentez l'envie d'une cigarette, ces palliatifs ne feront que prolonger le mal et le rendre plus insupportable. Avoir recours à un substitut, c'est admettre que vous avez besoin de fumer ou de combler un vide. En cédant à ce chantage, vous ne ferez que prolonger les symptômes de manque et votre torture. Ces substituts ne vous soulageront en aucun cas. C'est de nicotine que vous avez besoin, et de rien d'autre. Le résultat sera que vous continuerez à penser à la cigarette. Rappelez-vous ceci :

1 Il n'existe aucun substitut à la nicotine.
2 Vous n'avez pas besoin de nicotine. Ce n'est pas une nourriture, mais un poison. Quand vous ressentez une pointe dans l'estomac qui vous dit que vous avez besoin d'une cigarette, rappelez-vous que ces angoisses sont l'apanage des seuls fumeurs. Considérez ces manifestations comme un nouveau tour diabolique de cette drogue. Elles annoncent la mort prochaine du monstre.

3 Souvenez-vous que ce sont les cigarettes qui créent le manque et qu'elles ne comblent rien. Plus vite vous apprendrez à votre cerveau qu'il n'y a aucune raison de fumer ni de remplacer la cigarette, plus vite vous serez libre.

Certains substituts contiennent effectivement de la nicotine. Ceux-ci sont à éviter tout particulièrement. Les partisans de l'utilisation de ce genre de substances expliquent que cela vous fait perdre l'habitude de la cigarette sans souffrir des symptômes de manque. Ce principe même rend, en pratique, les choses bien plus difficiles. Le mécanisme de la cigarette repose sur le soulagement des symptômes de manque. La nicotine ne vous apporte rien. Elle ne fait que combler le manque qu'elle crée. Les sensations physiques associées à ce manque sont si infimes qu'on peut très facilement se passer de les satisfaire. Le problème essentiel, avec la cigarette, est, comme je l'ai souvent répété, la dépendance mentale, que je considère comme un vrai conditionnement. Ces chewing-gums ou autres substituts à la nicotine ne font que prolonger la dépendance chimique, et donc aussi la dépendance psychologique.

Beaucoup d'ex-fumeurs deviennent accros à ces chewing-gums. Souvent, ils continuent à fumer en même temps.

Ne croyez surtout pas que vous ne deviendriez pas dépendant de ces chewing-gums simplement parce qu'ils sont infects ; rappelez-vous plutôt comment cela s'est passé avec la cigarette, avant même de commencer à en prendre un.

Tous les autres substituts ont exactement le même effet. Intéressons-nous maintenant à cette idée qui consiste à se dire : « *Je ne peux plus fumer, je vais donc prendre un bonbon pour faire passer l'envie.* » Il n'est plus question ici d'un substitut contenant de la nicotine, mais des autres palliatifs, ceux qui ont l'air anodin. La distinction entre la sensation de vide créée par le manque de nicotine et la faim est extrêmement délicate. Cependant, les remèdes à l'une ne peuvent satisfaire l'autre. Ce n'est pas en vous empiffrant de sucreries que vous allez oublier la cigarette.

Le principal danger des substituts est qu'ils prolongent la dépendance psychologique qui est le vrai problème. Avez-vous besoin d'un substitut pour la grippe, lorsqu'elle est terminée ? En considérant que vous avez besoin de quelque chose pour remplacer la cigarette, vous admettez implicitement que vous faites un sacrifice. La déprime propre à la méthode classique est due au fait que le fumeur croit faire ce sacrifice. Vous ne ferez, avec ce substitut, que remplacer un problème par un autre. En vous bourrant de sucreries, vous grossirez et deviendrez malheureux, c'est tout : en très peu de temps, vous en reviendrez à la cigarette.

Rappelez-vous, vous n'avez pas besoin de substituts. Ces angoisses sont le fait d'une envie irrationnelle du poison. Elles disparaîtront rapidement. Que cela vous serve de soutien pour les jours à venir. *Savourez* votre libération : votre corps s'affranchit enfin de ce poison, et votre esprit de cet esclavage et de cette dépendance.

Ne vous inquiétez pas si, votre appétit étant revenu, vous mangez un peu plus que de coutume, et prenez un ou deux kilos au cours des prochains jours. Lorsque vous connaîtrez le moment de révélation que je décris plus tard, vous aurez suffisamment confiance en vous pour résoudre ce problème, si c'en est un. Évitez, en revanche, de grignoter entre les repas. Sinon, vous aurez simplement remplacé le problème de la cigarette par celui du poids, au risque de ne pas réaliser le bienfait d'avoir triomphé de la cigarette.

CHAPITRE XXXVIII

DEVRAI-JE ÉVITER LA TENTATION ?

J'ai, jusqu'à présent, émis des conseils catégoriques que je vous demande de considérer plus comme des ordres que comme de simples suggestions. Les raisons de mon intransigeance sont, d'abord, que mes arguments sont pratiques et sensés et, ensuite, qu'ils ont été corroborés par l'étude de milliers de cas.

Pour ce qui concerne la question de savoir si vous devez éviter toute tentation pendant la période de sevrage, je regrette de ne pouvoir être aussi affirmatif. Je laisse à chacun le soin de prendre sa propre décision et je vais cependant faire ce que j'espère être des suggestions utiles pour vous aider à prendre votre décision.

Je répète que c'est la peur qui nous maintient fumeur toute notre vie. Cette peur se manifeste de deux façons distinctes :

1 « *Comment pourrai-je survivre sans cigarette ?* »

Cette peur est illustrée par le sentiment de panique des fumeurs qui, tard le soir, réalisent qu'ils vont être à court de cigarettes. Cette peur n'est pas imputable au besoin physique de nicotine, mais à la dépendance psychologique – l'idée qu'on ne peut pas vivre sans cigarette. Elle atteint son paroxysme lorsqu'on fume la dernière cigarette du paquet, alors que les symptômes de manque physique sont pourtant au plus bas.

C'est la peur de l'inconnu, la même angoisse que les gens ont lorsqu'ils sautent pour la première fois d'un plongeoir dans l'eau. On a l'impression d'être à cinq mètres de haut qu'il n'y a pas assez d'eau. Il faut du courage, au départ, et l'on est convaincu que l'on va se faire mal. L'impulsion est le moment le plus difficile, mais, si vous trouvez le courage de vous élancer, le reste suivra sans difficulté.

Cela explique pourquoi de nombreux fumeurs, pourtant dotés d'une forte volonté en d'autres circonstances, n'ont même jamais essayé d'arrêter ou, s'ils essaient, ne tiennent que quelques heures. Il est courant de voir que, lorsqu'un fumeur prend la décision d'arrêter, il fume la cigarette suivante avec un grand empressement. La décision provoque une panique. Il s'agit là de l'une des circonstances particulières dans lesquelles le cerveau envoie le message : « *Je veux une cigarette.* » Cependant, vous n'y avez pas droit. La frustration vous rend plus stressé encore, et le déclic se répète jusqu'à ce que le fusible finisse par sauter et que vous allumiez enfin une cigarette.

Ne vous inquiétez pas, cette panique est seulement d'ordre psychologique. C'est la peur de l'échec. La vérité est que, sous l'emprise de la nicotine, vous manquez de lucidité au sujet de la cigarette. Ne paniquez pas, faites-moi confiance et lancez-vous.

2 La seconde phase de cette peur se situe à long terme. Vous craignez que certaines situations dans le futur ne soient pas aussi agréables sans cigarette ou vous êtes persuadé que l'ex-fumeur garde de lourdes séquelles de ce manque. Là encore, ne vous inquiétez pas. Si vous arrivez à vous élancer, vous découvrirez que c'est tout l'inverse.

La tentation elle-même se présente, en pratique, sous deux aspects principaux :

1 « *Je garderai mes cigarettes à portée de main, je me sentirai mieux en sachant qu'elles sont là.* »

Le taux d'échec parmi les personnes qui tiennent ce raisonnement est bien plus élevé que chez les autres. En effet, en cas de mauvais moment, lors de la période de sevrage, il est facile d'allumer une cigarette disponible. Alors que, si vous devez vous abaisser à aller en acheter, il est plus que probable que vous ne franchirez pas le pas; et, le cas échéant, le temps que vous trouviez des cigarettes, vous aurez certainement changé d'avis, car les angoisses ne durent que peu de temps.

En fait, je crois que la principale raison qui pousse les fumeurs à se mettre dans ce genre de situation est qu'ils ne sont pas persuadés d'avoir envie d'arrêter. Rappelez-vous que les deux clés fondamentales du succès sont :

– la conviction que l'on veut arrêter.

– l'état d'esprit positif : « *C'est extraordinaire que je ne sois plus obligé de fumer.* »

Pourquoi diable avez-vous besoin de cigarettes ? Si vous ressentez toujours la nécessité de garder des cigarettes sur vous, je vous suggère de relire d'abord ce livre. Cela signifie en effet que mon message n'est pas complètement passé.

2 « *Devrai-je éviter les situations stressantes et les occasions sociales durant la période de sevrage ?* »

Je vous conseille d'éviter les événements stressants, car il n'y a aucun intérêt à vous mettre sous pression inutilement.

En revanche, pour ce qui concerne les événements sociaux, je vous incite ne pas hésiter à sortir. Vous n'avez pas besoin des cigarettes, même si restez sous l'influence de la nicotine. Sortez, et réjouissez-vous de ne plus fumer. Cela vous apportera rapidement la preuve que la vie est bien meilleure sans cigarettes – pensez à ce que cela sera lorsque le petit monstre aura définitivement disparu de votre corps.

CHAPITRE XXXIX

LE MOMENT DE RÉVÉLATION

Le moment de révélation intervient habituellement trois semaines environ après que l'on a arrêté de fumer. Ce moment, où tout apparaît plus clair, correspond à la disparition définitive du lavage de cerveau. Au lieu de vous dire que vous n'avez plus besoin de fumer, vous réalisez soudain que le dernier boulon a sauté et que vous pouvez profiter du reste de votre vie sans plus jamais avoir besoin d'une cigarette. C'est aussi le moment à partir duquel vous commencez à éprouver de la pitié pour les fumeurs.

Si l'on n'utilise pas ma méthode, mais celle fondée seulement sur la volonté, on n'aura jamais l'expérience d'une telle révélation parce que, même si l'on est heureux de ne plus fumer, on continue à vivre en pensant avoir fait un sacrifice.

Plus vous aurez fumé, plus ce moment vous apparaîtra merveilleux. Je considère, pour ma part, que cette révélation a été le meilleur moment d'une vie pourtant très heureuse. Aucun autre événement ne m'a procuré un plaisir et une paix aussi intenses. Cette joie de ne plus avoir à fumer ne s'éteint jamais. Dorénavant, si je suis déprimé et que j'ai besoin d'un remontant, il me suffit de penser que je ne suis plus accro à cette saleté. La moitié des personnes qui me contactent après avoir arrêté me disent exactement la même chose, que c'était l'événement le plus merveilleux de leur existence. Vous allez au-devant d'une joie extraordinaire !

Les cinq années qui se sont écoulées depuis la première publication de mon livre et l'expérience de mes consultations m'ont appris que ce moment de révélation apparaît, en fait, très souvent au bout de quelques jours seulement.

Dans mon cas, c'est arrivé juste avant que j'éteigne ma dernière cigarette. Lors des consultations individuelles, des fumeurs me disent souvent, avant même que j'en vienne à évoquer le sujet, quelque chose comme : « *Allen, tu n'as pas besoin d'en dire davantage, c'est très clair pour moi, je sais que plus jamais je ne fumerai.* » Avec les sessions de groupe, j'ai même appris à déceler ce phénomène à travers l'attitude des patients. Par les lettres que je reçois, je sais aussi que cela arrive fréquemment à ceux qui lisent mon livre.

Idéalement, si vous suivez toutes mes instructions et que vous en comprenez pleinement la psychologie, cela devrait vous arriver sur-le-champ.

Je dis aujourd'hui, lors de mes consultations, que cinq jours suffisent, en général, pour que les symptômes physiques perceptibles du manque se dissipent, et à peu près trois semaines pour que l'ex-fumeur soit complètement libéré. D'une certaine manière, j'hésite à donner de telles directives, car elles présentent deux dangers. Le premier serait de faire croire aux fumeurs qu'ils auront environ trois semaines de souffrance. Le second serait que l'ex-fumeur en vienne à penser : « *Si j'arrive à tenir ces quelques jours, je pourrai compter sur ce moment de révélation pour m'aider à continuer.* » Cependant, il se peut que l'ex-fumeur vive trois semaines très agréables, puis l'une de ces journées désastreuses qui arrivent parfois à tout un chacun, fumeur ou non, un événement catastrophique qui n'ait d'ailleurs rien à voir avec la cigarette. L'ex-fumeur, qui attendait une révélation, doit au contraire subir une terrible dépression qui risque de briser irréversiblement sa confiance.

D'un autre côté, si je ne donne aucune indication, l'ex-fumeur peut passer le reste de sa vie en sachant que rien de spécial ne lui arrivera : c'est d'ailleurs le cas de tous ceux qui arrêtent avec la méthode classique.

J'ai, un moment, été tenté de dire que la révélation arrivait immédiatement. Mais, alors, les lecteurs pour qui cela n'est pas le cas risqueraient de perdre confiance et d'en déduire que cela ne marche pas pour eux.

Les gens me demandent souvent la signification de ces durées de cinq jours ou trois semaines. Sont-elles des périodes que j'ai tirées tout droit de mon chapeau ? Elles ne doivent, bien sûr, pas être prises pour argent comptant, mais elles reflètent l'accumulation de cinq années de témoignages que j'ai eus à ce sujet. Une durée de cinq jours correspond au temps moyen constaté pour que la cigarette n'occupe plus en permanence l'esprit du fumeur. Beaucoup ressentent le moment de révélation aux alentours de cette période. Ce qui se passe habituellement est que, vivant l'une de ces soirées ou l'une de ces situations particulièrement stressantes, vous découvrez soudainement que, non seulement vous vous en tirez très bien, mais que la cigarette vous est même sortie de l'esprit. À partir de ce moment, vous abordez le régime de croisière, et savez que vous êtes enfin libre.

J'avais remarqué, lors de mes essais infructueux avec la méthode classique, et aussi grâce aux témoignages d'autres fumeurs, que les tentatives les plus sérieuses pour arrêter de fumer échouent (si c'est le cas) vers la troisième semaine. Je pense que, après trois semaines, vous avez perdu tout désir de fumer. Afin de vous le prouver, vous en allumez une. Elle a un goût bizarre, et vous croyez alors avoir gagné la partie. Mais vous avez aussi introduit une dose fraîche de nicotine dans votre organisme, qui en était affamé depuis des semaines. Dès que vous éteignez cette cigarette, la nicotine commence à quitter votre corps. Il y a maintenant une petite voix qui vous dit : « *Ce n'est pas fini, j'en veux une autre.* » Vous ne cédez pas immédiatement car vous ne voulez pas redevenir accro. Vous laissez plutôt passer une période que vous jugez suffisante. Lorsque la tentation suivante arrive, vous vous dites que vous n'êtes pas retombé, en effet, et pensez qu'il n'y a aucun danger à en fumer une autre. Vous êtes déjà sur la pente glissante.

La clé du problème est de ne pas attendre ce moment de révélation, mais de réaliser, en éteignant votre dernière cigarette, que c'est vraiment terminé. Vous avez déjà fait tout ce que vous deviez faire, en coupant l'approvisionnement en nicotine. Rien sur terre ne peut vous empêcher d'être libre, à moins que vous ne regrettiez votre geste et que vous ne vous morfondiez. N'attendez pas de moment de révélation. Profitez de la vie dès le début. Ainsi, vous vivrez ce moment très prochainement, qu'il soit soudain ou progressif.

CHAPITRE XL

CETTE DERNIÈRE CIGARETTE

Vous avez décidé de votre parfait « timing ». Vous êtes prêt à fumer votre dernière cigarette. Auparavant, toutefois, vérifiez deux points essentiels :

1 Êtes-vous certain du succès ?
2 Ressentez-vous un certain abattement, ou êtes-vous ravi à l'idée que vous allez accomplir quelque chose de sensationnel ?

Si vous avez le moindre doute, n'hésitez surtout pas à relire ce livre, votre réussite mérite bien cela.

Lorsque vous vous sentirez prêt, fumez cette dernière cigarette. Faites-le seul et consciencieusement. Concentrez-vous sur chaque bouffée, sur le goût et l'odeur. Concentrez-vous sur les fumées cancérigènes, lorsqu'elles envahissent vos poumons. Concentrez-vous sur les poisons qui bloquent vos artères. Concentrez-vous sur la nicotine qui s'introduit dans votre corps.

Lorsque vous l'éteignez, pensez comme il est splendide de ne plus jamais avoir à refaire ce geste. Savourez la joie d'être libéré de cet esclavage, de quitter cet univers d'idées noires.

CHAPITRE XLI

UN DERNIER AVERTISSEMENT

Aucun fumeur à qui l'on offrirait la possibilité de revenir au jour où il est devenu accro, avec le savoir qu'il a maintenant acquis, ne choisirait de recommencer à fumer. Beaucoup de ceux qui viennent me consulter sont convaincus qu'ils en auraient définitivement terminé avec la cigarette si je pouvais les aider à arrêter. Pourtant, des milliers d'ex-fumeurs replongent des années après avoir arrêté alors qu'ils avaient retrouvé une vie parfaitement heureuse.

Je pense que ce livre vous aidera à trouver cette tâche relativement facile. Mais soyez néanmoins averti : ce n'est pas parce ce que vous arrêterez facilement que vous ne risquez pas de recommencer.

Ne vous faites plus avoir !

Peu importe depuis combien de temps vous avez arrêté et à quel point vous êtes certain de ne jamais redevenir accro : **décidez une fois pour toutes que plus jamais vous ne fumerez la moindre bouffée, quelle qu'en soit la raison**. Malgré les millions de francs qu'elles dépensent en publicité pour la promotion des cigarettes, malgré les campagnes de désinformation qu'elles peuvent lancer dans la presse, souvenez-vous que ces compagnies roulent pour la drogue et le poison numéro un de notre société. Vous n'êtes pas tenté d'essayer l'héroïne qui, elle, ne bénéficie d'aucune publicité. N'oubliez pas que la cigarette tue bien plus que l'héroïne.

Rappelez-vous que cette première cigarette ne vous apportera rien. Vous n'aurez alors aucun manque à soulager et elle aura un goût détestable. Elle introduira, cependant, de la nicotine dans votre organisme, déclenchant ainsi la réaction en chaîne que vous connaissez. Vous aurez alors une alternative et une seule : supporter ces angoisses le temps que la dépendance disparaisse, ou replonger irrémédiablement dans ce triste cercle vicieux. Soyez chic, ne vous infligez pas ce supplice.

CHAPITRE XLII

CINQ ANS APRÈS

J'ai maintenant cinq années de recul, à la fois depuis mes premières consultations et depuis la première publication de ce livre. C'était à l'origine une lutte incroyable, car ma méthode était dénigrée par les soi-disant experts. Maintenant, des fumeurs viennent du monde entier assister à mes consultations, et notamment des membres de la profession médicale. Ce livre est considéré en Grande-Bretagne comme l'aide la plus efficace pour arrêter de fumer et sa réputation gagne rapidement le reste du monde.

Je ne suis pas un bon Samaritain. Je mène d'abord ma guerre – j'insiste là-dessus, elle n'est pas contre les fumeurs, mais contre la cigarette – par pur égoïsme. Chaque fumeur libéré, fût-ce sans l'aide de ma méthode, est pour moi l'occasion d'un grand plaisir. Vous imaginez aussi l'immense joie que me procurent les milliers de lettres que j'ai reçues depuis des années.

Inévitablement, les échecs m'ont fait éprouver de terribles frustrations. Je les dois essentiellement à deux types de fumeurs. Tout d'abord, malgré l'avertissement du précédent chapitre, je suis stupéfait par le nombre de fumeurs qui, ayant arrêté avec une grande facilité, retombent et ne parviennent plus à arrêter une nouvelle fois. Cela s'applique autant aux lecteurs de mon livre qu'aux personnes ayant assisté à mes consultations.

Un homme m'a appelé il y a environ deux ans. Il avait l'air affolé; il pleurait même. Il me promit 10 000 francs si je pouvais l'aider à arrêter une semaine et prétendait qu'il pourrait, ensuite, tenir tout seul. Je l'ai invité à venir assister à mes sessions de groupe, au tarif habituel. Il arrêta sans problème et m'envoya une lettre de remerciements très touchante.

Je termine toujours les sessions par cette dernière recommandation à l'attention des ex-fumeurs : « *Rappelez-vous, vous ne devez plus toucher une seule cigarette.* » Cet homme-là m'avait répondu : « *Ne craignez rien; si j'ai réussi à arrêter, tenir ne posera aucun problème. Je ne fumerai plus jamais.* »

Pressentant que l'avertissement n'avait pas porté, j'avais alors rétorqué : « *Je sais que vous êtes sincère en ce moment, mais que restera-t-il de cela dans six mois ?* » Il me répéta que plus jamais il ne fumerait.

Un an plus tard, il m'appela à nouveau. « *Allen, j'ai fumé un cigarillo à Noël et maintenant je suis revenu à deux paquets par jour.* »

Je lui dis : « *Te rappelles-tu ton premier coup de fil ? Tu étais prêt à me donner 10 000 francs si je te permettais d'arrêter une semaine.*

– *Je me souviens, j'ai été stupide.*

– *Te rappelles-tu ta promesse de ne plus recommencer ?*

– *Je sais, je suis un idiot.* »

Ironiquement, lorsque cet homme participa à une nouvelle session, il raconta l'anecdote suivante ; il avait promis 10 000 francs à son fils si celui-ci n'avait jamais fumé de cigarette avant son vingt et unième anniversaire. Son fils gagna le pari et il reçut l'argent comme promis ; un an plus tard, il fumait comme une cheminée. Cet homme conclut que son fils avait été complètement stupide. Je ne partage pas son point de vue ; au moins, il avait évité le piège pendant vingt-deux ans et il ne savait pas à l'avance dans quel bourbier il s'aventurait. Lui, le père, qui connaissait le piège, n'avait pourtant tenu qu'un an.

Les fumeurs qui arrêtent et recommencent avec facilité posent un problème tout particulier. Je travaille actuellement à un livre consacré à ce sujet. Il sortira prochainement. En attendant, lorsque vous aurez arrêté, **ne faites pas la même bêtise**, s'il vous plaît ! Certains pensent que ceux-là recommencent parce qu'ils sont toujours accros et ont envie d'une cigarette. C'est totalement faux. En fait, ils arrêtent si facilement qu'ils en perdent toute méfiance vis-à-vis de la cigarette. Ils pensent qu'ils peuvent se permettre d'en fumer une et que, même s'ils replongent, ils s'en sortiront à nouveau sans problème.

J'ai bien peur que cela ne se passe pas comme ça. Il est facile d'arrêter de fumer, mais il est impossible de contrôler sa dépendance. La seule chose essentielle pour rester un non-fumeur est de *ne pas toucher une seule cigarette, un seul cigare ou tout ce qui y ressemble.*

Le second type de fumeur qui me cause une véritable frustration est celui qui est trop effrayé pour franchir le pas ou qui, lorsqu'il s'y met, trouve cela extrêmement difficile. Les problèmes principaux semblent être les suivants :

1 La peur de l'échec.

Il n'y a aucune honte à échouer, alors qu'il est totalement stupide de ne pas essayer. Vous n'avez absolument rien à perdre. La pire chose qui puisse vous arriver est l'échec, auquel cas ce ne sera pas pire que maintenant. Pensez, en revanche, combien il serait formidable de réussir. Si vous n'essayez pas, l'échec est garanti.

2 La peur panique d'être malheureux.

Ne vous en souciez pas. Demandez-vous simplement ce qui pourrait vous arriver de si horrible si vous deviez ne plus jamais fumer de cigarette : rien du tout. En revanche, de terribles choses vous arriveront certainement si vous continuez à fumer. Comprenez bien que ce sont les mécanismes complexes du tabagisme qui créent ce sentiment de panique. En arrêtant, vous en finissez avec toutes ces craintes irrationnelles. Croyez-vous vraiment que les fumeurs soient prêts à perdre les jambes ou les bras uniquement pour le plaisir que leur procure la cigarette ? Si vous sentez que vous paniquez, respirez profondément : cela vous aidera à recouvrer vos esprits. Si vous êtes avec d'autres personnes qui vous mettent le moral à zéro, fuyez-les quelques instants et allez dans une autre pièce, ou faites un tour dehors.

Si vous avez envie de pleurer, n'ayez aucune honte. Les pleurs aident à soulager les tensions et à se sentir mieux. Une des pires choses que nous infligeons aux enfants est de leur apprendre à ne pas pleurer. Ils essaient de retenir leurs larmes, mais les tremblements de leur mâchoire ne trompent pas. Nous, Anglais, apprenons à garder le visage impassible pour ne pas laisser transparaître nos émotions. Il est tout à fait naturel d'exprimer ses émotions, pas de les dissimuler. Si vous en ressentez le besoin, criez, donnez un coup de pied dans un vieux carton, défoulez-vous. Considérez votre lutte comme un match que vous ne pouvez pas perdre.

Rien ne peut contrer l'effet du temps. Chaque moment qui passe, le petit monstre en vous se rapproche de la mort. Savourez votre victoire inéluctable.

3 Vous n'avez pas suivi mes instructions.

Cela paraît incroyable, mais certains fumeurs me reprochent le fait que ma méthode n'ait pas marché pour eux. Ils racontent alors innocemment comment ils ont ignoré, non pas une, mais presque toutes mes recommandations (afin que vous soyez certain de les connaître toutes, je les résume à la fin du chapitre).

4 Vous avez mal interprété mes instructions.

Les problèmes les plus fréquents sont les suivants :

(a) « *Je n'arrête pas de penser à la cigarette.* » Bien sûr, et c'est tout à fait normal. N'essayez surtout pas de vous forcer à oublier la cigarette, vous créerez une phobie et rajouterez des problèmes au lieu d'en supprimer. Rappelez-vous l'analogie avec l'insomnie. Moi-même, je pense à la cigarette 90 % de mon temps. Ce qui importe, ce n'est pas que vous pensiez très souvent à la cigarette, mais ce que vous pensez d'elle. Si vous dites : « *Comme j'aimerais fumer une cigarette !* » ou « *Quand donc serai-je enfin libre ?* », vous serez malheureux.

(b) « *Quand la sensation du manque physique se dissipera-t-elle ?* »

La nicotine quitte votre organisme très rapidement. Il est cependant impossible de dire quand *votre* corps n'en demandera plus. Ce sentiment de vide, cette sensation d'inquiétude, sont provoqués par la faim, la dépression et le stress. Le rôle de la cigarette est de l'accentuer fortement. C'est pourquoi ceux qui arrêtent avec la méthode classique ne savent jamais exactement lorsqu'ils ne sont plus dépendants. Même après que leur organisme s'est débarrassé de toute la nicotine, lorsqu'ils ressentent une faim (normale) ou un stress quelconque, leur cerveau leur dit encore : « *Tu veux une cigarette.* » Le fait est que vous n'avez pas besoin d'attendre que la nicotine s'en aille ; les symptômes sont si futiles que nous en sommes rarement conscients. Nous connaissons simplement ce sentiment : « *Je veux une cigarette.* » Quand vous quittez le cabinet du dentiste après une série de traitements douloureux, attendez-vous que le mal cesse ? Non, vous continuez votre vie, vous êtes heureux que ce soit terminé, mais vous n'attendez pas que la douleur ait définitivement disparu.

(c) « *J'attends le moment de révélation.* » Si vous l'attendez, vous allez créer une autre phobie.

Alors que j'avais arrêté de fumer trois semaines avec la méthode classique, j'ai rencontré un vieux copain, ex-fumeur, qui me demanda comment ça allait. Je répondis :

« *J'ai survécu trois semaines.*

– *Que veux-tu dire par là?*

– *J'ai réussi à **survivre** trois semaines sans une cigarette.*

– *Et alors que vas-tu faire? **Survivre** le reste de ta vie? Qu'attends-tu? Tu as réussi, tu es un non-fumeur.* »

Je pensais : « *Il a absolument raison, qu'est-ce que j'attends?* » Malheureusement, à ce moment-là, je ne comprenais pas complètement la nature de ce piège ; j'y suis retombé peu après. J'avais néanmoins noté ce point. On devient un non-fumeur au moment même où l'on éteint sa dernière cigarette. Il est très important d'être un heureux non-fumeur dès le début.

(d) « *Je crève toujours d'envie d'une cigarette.* »

En ce cas, vous vous comportez de façon carrément stupide. Comment pouvez-vous à la fois prétendre que vous voulez devenir un non-fumeur et avoir envie d'une cigarette? C'est une contradiction. Dire : « *Je veux une cigarette* », c'est dire : « *Je veux être un fumeur* ». Les non-fumeurs n'ont pas envie de cigarettes. Vous avez déjà fait votre choix, alors cessez donc de vous tourmenter.

(e) « *J'ai abandonné la vraie vie.* »

Pourquoi? Je vous demande simplement d'arrêter d'étouffer, pas de ne plus vivre. C'est aussi simple que ça. Vous aurez pendant les prochains jours un léger trauma. Votre corps va réclamer sa dose de nicotine. Sachez que vous n'êtes pas pire qu'auparavant. C'est ce dont vous avez souffert depuis votre première cigarette, chaque fois que vous dormez (à moins que vous ne fumiez en dormant), ou dans les lieux où le tabac est hors la loi (magasins, lieux publics, églises...). Cela ne vous dérangeait pas tant auparavant. Sachez que, si vous n'arrêtez pas, cela durera le restant de vos jours. Vous n'aurez à supporter cette légère gêne que quelques semaines. Après, ce sera terminé. Rappelez-vous que les cigarettes ne créent pas les repas ou occasions sociales : elles les détruisent. Même si votre corps semble exiger en pleurant sa dose de nicotine, ces occasions-là seront quand même appréciables. La vie est formidable, sortez, même s'il y a de nombreux fumeurs. Rappelez-vous que ce n'est pas vous qui êtes *privé* de quoi que ce soit, mais ceux qui fument qui se gâchent la vie. Tous aimeraient secrètement être à votre place. C'est vous qui êtes envié. En arrêtant de fumer, vous devenez un sujet de conversation et de curiosité, particulièrement si les fumeurs voient que vous êtes heureux et en pleine forme. Ils vous trouvent incroyable. Il est fondamental que vous profitiez de votre nouvelle vie dès le début.

(f) « *Je suis déprimé et irritable.* »

C'est parce que vous n'avez pas suivi mes instructions. Trouvez laquelle. Certaines personnes comprennent et croient tout ce que je dis, et pourtant, elles commencent avec un sentiment d'abattement, comme s'il leur arrivait quelque chose de terrible. Vous êtes en train de concrétiser un vœu très cher, le vœu de tous les fumeurs. Avec n'importe quelle méthode, le but de l'ex-fumeur est d'acquérir un état d'esprit tel que, chaque fois qu'il pense à la cigarette, il se dise : « ***Super, je ne fume plus.*** » Si tel est votre but, pourquoi attendre ? Commencez immédiatement avec cet état d'esprit et ne le perdez jamais. Le reste du livre est fait pour vous faire comprendre qu'il n'y a pas d'alternative.

« *Check list* »

Si vous suivez ces instructions élémentaires, vous ne pourrez que réussir.

1 Faites le vœu solennel que plus jamais vous ne fumerez, mâcherez ou avalerez quelque chose qui contienne de la nicotine, et tenez parole.

2 Que cela soit bien clair dans votre esprit, vous ne *renoncez* à rien. Je ne veux pas simplement dire que, en devenant un non-fumeur, vous vivrez mieux (ça,

vous l'avez toujours su). Je ne veux pas non plus dire que, même s'il n'y a aucune raison rationnelle de fumer, vous devez bien en retirer quelque avantage, sinon vous ne fumeriez pas. Ce que je veux dire est qu'il n'y a absolument aucun gain à espérer de la cigarette. Ce n'est qu'une illusion créée par cette drogue perfide.

3 Un fumeur confirmé, cela n'existe pas. Vous faites partie des millions de personnes qui se sont fait avoir par ce piège subtil. Comme des millions de fumeurs qui croyaient ne pas pouvoir s'en sortir, vous êtes libéré.

4 Si vous deviez mesurer les avantages et inconvénients de la cigarette, la conclusion serait, sans aucune hésitation : « *Arrête, c'est complètement stupide.* » Rien ne pourra changer cela. Vous avez pris la bonne décision, ne vous laissez pas torturer par le doute.

5 **N'essayez pas** *d'oublier* la cigarette et ne vous inquiétez pas si vous y pensez sans cesse. Mais, lorsque cela vous arrive, que ce soit aujourd'hui ou dans dix ans, pensez que **vous êtes heureux d'être un non-fumeur**.

6 **N'utilisez** aucune forme de substitut.
Ne conservez pas de cigarettes à portée de main.
N'évitez pas les fumeurs.
Ne changez pas votre style de vie sous prétexte que vous avez arrêté de fumer.

7 Si vous suivez bien mes instructions, vous atteindrez bientôt le moment de révélation dont je vous ai parlé. Cependant, n'attendez pas que ce moment survienne. Continuez simplement votre vie, en profitant des bons moments et en supportant les mauvais. Vous verrez que ce moment finira par arriver.

CHAPITRE XLIII

LE FUMEUR EST SEUL SUR LE PONT D'UN NAVIRE QUI SOMBRE. AIDEZ-LE !

Aujourd'hui, les fumeurs paniquent. Ils sentent un changement dans la société : la cigarette est maintenant considérée comme une habitude antisociale, même par les fumeurs eux-mêmes. Ils ont également l'impression que toute cette histoire tire à sa fin : aussi des millions de fumeurs essaient-ils d'arrêter, avec plus ou moins de succès.

Chaque fois qu'un fumeur quitte le navire, ceux qui sont restés à bord se sentent encore plus abattus. Chaque fumeur sait, instinctivement, qu'il est ridicule de payer si cher des feuilles séchées roulées dans du papier, pour les brûler et respirer des goudrons cancérigènes. Si vous ne partagez toujours pas ce point de vue, mettez-vous une cigarette allumée dans l'oreille et demandez-vous quelle est la différence. La seule différence est que, de cette manière, vous ne risquez pas d'ingurgiter de la nicotine. Si vous pouvez arrêter de vous mettre des cigarettes dans la bouche, vous n'aurez plus besoin de nicotine.

Les fumeurs ne trouvent pas d'explication rationnelle pour justifier leur relation avec la cigarette. Ils se justifient implicitement par le fait qu'ils ne sont pas les seuls à fumer.

Ils mentent lamentablement à propos de leur habitude, autant aux autres qu'à eux-mêmes. Ils ne peuvent faire autrement. Le lavage de cerveau est essentiel s'ils veulent garder un certain respect de leur personne. Ils ressentent le besoin de justifier leur habitude, devant eux-mêmes comme devant les non-fumeurs. Ils évoquent en permanence, par conséquent, les prétendus avantages de la cigarette.

Si un fumeur arrête par la méthode classique, il se sent toujours frustré et tend à devenir un perpétuel râleur. Cela ne fait qu'accroître la certitude des autres fumeurs qu'ils ont raison de continuer à fumer.

Celui qui réussit à se débarrasser de l'habitude ne peut qu'en être satisfait. Cependant, contrairement aux fumeurs, il n'a rien à justifier vis-à-vis des autres : il n'éprouve pas le besoin de clamer qu'il est un heureux non-fumeur. Il ne le fera que si on lui pose la question et ce ne sont pas les fumeurs qui la lui poseront. Ils redoutent trop une réponse qu'ils n'apprécieraient pas. Rappelez-vous que c'est la peur qui les empêche de renoncer à la cigarette et qu'ils préfèrent garder la tête dans le sable.

S'ils la posent, cette question, c'est parce qu'ils pensent qu'il est temps d'arrêter.

Aidez le fumeur, débarrassez-le de ses craintes. Dites-lui combien il est formidable de ne plus avoir à s'empoisonner avec ces saletés, combien il est agréable de se réveiller en pleine forme au lieu de tousser, combien on est soulagé d'être libéré de cet esclavage, de pouvoir vivre normalement, sans la terrible ombre noire de la culpabilité.

Ou, mieux, faites-lui lire ce livre.

Il est essentiel de ne pas rabaisser le fumeur en lui disant, par exemple, qu'il pollue l'atmosphère ou qu'il est indélicat. Il est communément admis que les ex-fumeurs sont les personnes les plus intransigeantes avec les fumeurs. Je crois que cette réputation est avérée et elle est à mon avis la conséquence de la méthode classique. En effet, même s'il n'est plus dépendant, l'ex-fumeur garde des séquelles de sa dépendance psychologique : une part de lui-même croit encore qu'il fait un sacrifice. Il se sent vulnérable et devient instinctivement agressif vis-à-vis des fumeurs. Cette agressivité peut effectivement aider l'ex-fumeur, mais ne rend en revanche aucun service au fumeur attaqué. Au contraire, il se sent blessé, culpabilise, et son envie de cigarette est encore plus forte.

Cela dit, ce changement dans l'attitude de notre société, même s'il est la principale raison qui pousse les fumeurs à arrêter, ne leur rend pas pour autant la tâche plus facile. En fait, cela la rend bien plus difficile. Beaucoup croient qu'ils renoncent à la cigarette essentiellement pour des raisons de santé. Ce n'est pas la stricte vérité. Les énormes risques encourus devraient effectivement être la raison majeure pour en finir avec la cigarette ; c'est d'ailleurs ce point qui a sensibilisé l'opinion au problème du tabagisme. Cependant, les fumeurs ont fumé pendant des années sans que cette menace fasse la moindre différence. La principale raison qui les pousse à arrêter est que notre société commence à considérer cette habitude pour ce qu'elle est réellement : la dépendance à l'égard d'une véritable drogue. Le plaisir a toujours été une illusion ; l'illusion ne tient plus, il ne reste donc plus rien au fumeur.

L'interdiction totale de fumer dans le métro est un exemple classique du dilemme du fumeur. Celui-ci adopte alors l'attitude : « *OK, si je ne peux pas fumer dans le train, je trouverai un autre moyen de transport* », ce qui ne lui fait aucun bien ; ou il dit : « *Très bien, cela m'aidera à diminuer ma consommation* ». Le résultat est qu'au lieu de fumer dans le train une ou deux cigarettes, qu'il n'aurait, de toute façon, pas appréciées, il s'abstient pendant une heure. Durant cette période d'abstinence forcée, son corps lui réclame sa dose de nicotine, et il se sent frustré. Il attend la fin du trajet pour avoir sa récompense, qui devient ainsi inestimable.

L'abstinence forcée ne diminue en rien la consommation, parce que le fumeur va naturellement compenser en fumant davantage encore dès qu'il en aura enfin l'occasion. Cela ne fait donc qu'aider à enraciner dans l'esprit du fumeur l'idée que la cigarette est précieuse, ce qui, bien sûr, aggrave sa dépendance.

L'aspect le plus insidieux de ces abstinences forcées concerne les femmes enceintes. L'adolescence est le moment de leur vie où les femmes sont les plus vulnérables, et c'est bien avant d'être mère que la plupart d'entre elles se mettent à fumer. Puis, au moment le plus stressant de leur vie, la communauté médicale essaie de les faire arrêter, dans l'intérêt de l'enfant. Certaines n'y parviennent pas et souffrent ainsi toute leur vie d'un complexe de culpabilité. Un grand nombre d'entre elles, en revanche, sont heureuses de réussir et pensent : « *Je fais ça pour le bébé et, après neuf mois, je serai de toute façon guérie.* » Alors surviennent l'appréhension puis la souffrance de l'accouchement, et enfin le moment le plus marquant de leur vie. Après la naissance de l'enfant, le vieux mécanisme entre en jeu. Le lavage de cerveau n'a jamais été éliminé, même si la dépendance physique a depuis longtemps disparu. Presque immédiatement après l'accouchement, la jeune mère a une cigarette à la bouche. Dans l'élan de l'événement, elle ne remarque même pas que la cigarette a un goût infect. Elle n'a aucune intention de se remettre à fumer. « *Juste une petite cigarette...* » Trop tard ! Elle s'est déjà fait épingler. La nicotine inhalée déclenche le terrible engrenage et, même si elle ne retombe pas tout de suite, la dépression postnatale l'y conduira certainement.

Alors que les héroïnomanes sont des criminels aux yeux de la loi, l'attitude de notre société, curieusement, est de dire : « *Que pouvons-nous faire pour ces pauvres malades ?* » Adoptons la même attitude à l'égard du pauvre fumeur. Il ne fume pas parce qu'il le désire mais parce qu'il croit y être obligé et, à la différence de l'héroïnomane, il doit habituellement supporter des années de torture physique et mentale. On dit souvent qu'une mort rapide est préférable à une mort lente, alors n'enviez pas le fumeur; il a besoin de votre pitié.

CHAPITRE XLIV

CONSEILS AUX NON-FUMEURS

Faites lire ce livre à vos amis ou aux fumeurs de votre connaissance.
Étudiez en premier lieu le contenu de ce livre en essayant de vous mettre à la place du fumeur.

Ne le forcez pas à lire ce livre et n'essayez pas non plus de le faire culpabiliser : il est inutile de lui dire qu'il se détruit la santé ou qu'il gaspille son argent. Il sait déjà cela mieux que vous-même. Les fumeurs ne fument pas par plaisir, ni parce qu'ils en ont envie. Ils utilisent ce genre d'argument vis-à-vis d'eux-mêmes et des autres afin de préserver l'illusion d'un certain respect de soi. Ils fument parce qu'ils se sentent dépendants de la cigarette, parce qu'ils pensent qu'elle les aide à se détendre, qu'elle leur donne du courage et de l'assurance, parce qu'ils sont persuadés que la vie n'est pas agréable sans tabac. Si vous tentez de forcer un fumeur à renoncer au tabac, il se sent comme pris au piège et a encore plus besoin de ses cigarettes. S'il doit alors fumer en cachette, la cigarette deviendra pour lui un objet de culte.

À l'inverse, concentrez-vous sur l'autre aspect du problème. Mettez-le en présence d'anciens « grands » fumeurs qui ont arrêté (ils ne sont pas difficiles à trouver, il y en a environ dix millions en France). Demandez-leur d'expliquer comment eux aussi se croyaient accros à vie et combien ils se sentent mieux maintenant.

Lorsque vous aurez réussi à lui faire admettre qu'il peut arrêter, son esprit commencera à s'ouvrir. Alors, commencez par lui expliquer l'illusion créée par le manque de nicotine, faites-lui comprendre que non seulement la cigarette ne procure pas l'effet qu'il lui attribue, mais qu'en plus elle détruit sa confiance et le rend irritable et nerveux.

Il devrait maintenant être prêt à lire ce livre lui-même. Il s'attend certainement à des pages et des pages sur le cancer du poumon, les maladies cardio-vasculaires, etc. Expliquez-lui que mon approche est originale et que les références aux maladies ne constituent qu'une très brève partie du livre.

Considérez que l'ex-fumeur souffre, que cela soit le cas ou non. N'essayez pas de minimiser ses souffrances en lui disant qu'il est facile d'arrêter ; il peut faire ça tout seul. Ne tarissez pas d'éloges, dites-lui combien vous êtes fier de lui, combien il a l'air en forme, comme il est plus agréable... Il est très important qu'il sente une amélioration à travers le regard des autres. Lorsqu'un fumeur essaie d'arrêter, la compassion et l'attention qu'il reçoit de son entourage contribuent à sa réussite. Cependant, on a très vite tendance à oublier, alors pensez-y, vous.

S'il n'évoque pas la cigarette, vous pouvez penser qu'il l'a oubliée et ainsi éviter le sujet en sa présence. D'habitude, avec la méthode classique, c'est plutôt l'inverse ; il a tendance à être obsédé par la cigarette. N'ayez donc pas peur d'en discuter avec lui et pensez toujours à le féliciter. Il est capable de vous dire s'il ne veut pas en entendre parler.

Ne ménagez pas vos efforts pour lui éviter des pressions inutiles lors de la période de sevrage. Faites votre possible, au contraire, pour lui rendre la vie intéressante et agréable.

S'il est irritable, essayez d'anticiper les désagréments

qu'il pourrait avoir. Si vous avez vous aussi des raisons d'être de mauvaise humeur, essayez de ne pas vous disputer avec lui et, même s'il à tort à 100 %, prenez sur vous. Évitez de lui montrer qu'il est désagréable. C'est dans ce genre de circonstances qu'il a le plus besoin d'encouragements.

J'étais moi-même, dans de telles circonstances, très enclin à me mettre en colère, espérant que ma femme ou mes enfants me diraient : « *Je ne supporte plus de te voir ainsi. Prends une cigarette, cela vaut mieux.* » Ainsi, le fumeur veut donner l'impression, pour ne pas perdre la face, qu'il se remet à fumer pour céder aux autres. Si votre fumeur emploie ce stratagème, n'entrez surtout pas dans son jeu. Dites-lui plutôt : « *Si tes cigarettes te rendent ainsi, il est temps que tu retrouves ta liberté. C'est formidable que tu aies le courage et le bon sens d'arrêter.* »

METTONS ENFIN UN TERME
À CE SCANDALE

Le tabagisme est, à mon avis, le plus grand scandale de la société occidentale, dépassant même celui des armes nucléaires.

Le fondement même de notre civilisation, la raison pour laquelle l'espèce humaine a pu en arriver à son stade actuel, est que l'homme a été capable d'échanger ses connaissances et expériences et de les transmettre aux générations suivantes. Il n'est d'ailleurs pas le seul être dans ce cas ; même l'espèce animale la plus primitive trouve un moyen d'avertir sa descendance des dangers qui l'attendent.

En ce qui concerne la question nucléaire, il n'y a en fait aucun problème tant que la première bombe n'aura pas explosé. Les ardents défenseurs d'une politique de dissuasion nucléaire peuvent continuer à déclarer avec suffisance qu'« *elle seule préserve la paix* ». Si d'aventure cela explose, le problème de la cigarette (comme tous les problèmes que nous connaissons) sera réglé définitivement. D'ailleurs – c'est une *chance* pour eux –, personne ne viendra leur reprocher leur erreur de jugement (on peut même se demander si ce n'est pas cela même qui les incite à aller dans ce sens).

Malgré mon profond désaccord sur ce sujet, je veux bien admettre qu'au moins de telles décisions sont prises en connaissance de cause, avec la croyance qu'elles servent l'humanité. Le cas du tabagisme est radicalement différent. La vérité sur la cigarette est connue de tous. Elles ne peut laisser aucun doute possible. Peut-être croyait-on sincèrement, il y a un demi-siècle, que la cigarette procurait courage et assurance. Aujourd'hui, les autorités savent qu'il s'agit d'un leurre. Regardez les publicités actuelles pour le tabac dans les pays anglo-saxons (la publicité pour le tabac est officiellement interdite par la loi française, mais subsiste par des voies détournées). Elles ne s'aventurent plus sur le terrain de la détente ou du plaisir, mais arguent seulement de la taille des cigarettes ou de la qualité du tabac. Pourquoi devrions-nous nous soucier de la taille et de la qualité d'un poison ?

Il s'agit d'une véritable et incroyable hypocrisie. La société considère avec sévérité les consommateurs d'héroïne ou ceux qui *sniffent* de la colle. Mais, face au tabagisme, ces problèmes sont de simples broutilles. 60 % de la population ont été drogués à la nicotine ; beaucoup consacraient leur argent de poche à la cigarette. Chaque année, des dizaines de milliers de personnes voient leur vie détruite parce qu'elles sont, un jour, tombées dans le piège. Le tabac est de loin le tueur numéro un de notre société, mais il représente un intérêt financier colossal pour l'État. Celui-ci extorque chaque année cinq milliards de livres sterling à la misère des fumeurs et les compagnies de tabac dépensent des centaines de millions pour en faire la publicité.

Les messages de mise en garde que l'on peut lire sur les paquets de cigarettes témoignent de l'habileté de ces compagnies. Les autorités médicales ont beau jeu de s'abriter derrière ces quelques avertissements. L'État subventionne des campagnes d'un budget dérisoire sur le thème de la mauvaise haleine, du risque que prend le fumeur de contracter un cancer ou de perdre ses jambes. Il se justifie ensuite en disant : « *On vous avait prévenu du danger, vous l'avez voulu.* » Non, le fumeur n'a pas le choix, pas plus que l'héroïnomane. Jamais il ne décide de devenir fumeur, mais il est victime d'un piège subtil. Si les fumeurs avaient le choix, les seuls à fumer, demain, seraient des adolescents qui découvrent la cigarette et pensent pouvoir arrêter à n'importe quel moment.

Pourquoi une telle hypocrisie ? Pourquoi les héroïnomanes, que la loi traite en criminels, sont-ils considérés comme des malades et peuvent-ils bénéficier à ce titre d'un traitement à la méthadone aux frais de la collectivité ? Allez donc dans un hôpital en vous présentant comme un drogué à la nicotine et demandez des cigarettes gratuites ! Vous les payez trois fois leur valeur et le poids des taxes augmente à chaque nouveau budget. Comme si le fumeur n'avait pas déjà suffisamment de problèmes !

Allez demander de l'aide à votre médecin. S'il ne vous dit pas : « *Arrêtez de fumer, vous êtes en train de vous tuer* », ce que vous n'ignorez pas, il vous prescrira un chewing-gum ou autre substitut qui vous coûtera cher et qui contient la drogue que vous essayez de fuir.

Les campagnes de sensibilisation par la peur n'aident pas les fumeurs à arrêter. Elles leur rendent la tâche plus difficile. Elles ne font que les effrayer, exacerbant leur envie de fumer. De telles campagnes n'empêchent même pas les adolescents de se mettre à fumer. Ils savent bien que la cigarette tue, mais ils savent aussi qu'avec une seule cigarette on ne risque rien. Cette habitude est si banale que, tôt ou tard, l'adolescent, en raison de la pression sociale ou par simple curiosité, essaiera une cigarette. Et du fait même qu'elle a un goût si désagréable, il y a des chances qu'il devienne accro.

Pourquoi laissons-nous ce scandale perdurer ? Pourquoi notre gouvernement ne lance-t-il pas une campagne appropriée ? Pourquoi ne dit-on pas explicitement que la nicotine est un poison et une drogue, qui ne détend en aucune façon, ne donne pas confiance en soi, mais qui, au contraire, détruit les nerfs, et qu'une seule cigarette suffit pour tomber dans le piège ?

Je me rappelle le livre de H. G. Wells intitulé *La machine à explorer le temps*. Un passage relate un accident, survenant dans un avenir lointain : un homme tombe dans une rivière ; ses compagnons se contentent, l'air détaché, de s'asseoir sur la berge, en restant étrangers à ses cris de détresse. J'avais trouvé cet épisode inhumain et extrêmement dérangeant. L'apathie généralisée de notre société vis-à-vis du tabagisme me semble très similaire à la situation décrite dans cet ouvrage de Wells. Nous autorisons en Grande-Bretagne la diffusion à des heures de grande écoute de jeux télévisés sponsorisés par des marques de cigarettes. Le générique montre un joueur qui, après avoir obtenu le score maximal, allume une cigarette. Imaginez les réactions si le tournoi était sponsorisé par la Mafia et que le joueur, héroïnomane, se faisait une piqûre d'héroïne en direct.

Pourquoi la société permet-elle que des jeunes gens sains, qui ont jusqu'alors très bien vécu sans cigarette, sacrifient le reste de leurs jours au triste privilège de l'autodestruction mentale et physique, dans une existence d'esclavage, de saleté et de maladie ?

Vous avez peut-être l'impression que je dramatise. Ce n'est pas le cas. Mon père a été fauché à la cinquantaine à cause du tabac. C'était pourtant un homme robuste qui aurait pu vivre encore aujourd'hui.

Je crois avoir été à deux doigts de mourir avant même d'avoir atteint cet âge, quoique ma mort eût été officiellement attribuée à une hémorragie cérébrale plutôt qu'à la cigarette. Des personnes qui ont été estropiées par cette maladie ou qui sont en phase terminale viennent aujourd'hui me consulter en grand nombre. Et, si vous prenez la peine d'y songer, vous en connaissez certainement vous aussi.

Il y a un vent de changement dans la société. Une boule de neige a commencé à se former : puisse-t-elle, grâce à ce livre, se muer en avalanche !

Vous pouvez y contribuer en transmettant le message.

ULTIMES RECOMMANDATIONS

Vous avez désormais rejoint les millions d'autres ex-fumeurs qui pensaient ne jamais pouvoir se libérer de l'esclavage de la nicotine et de l'accoutumance. **Félicitations**.

Vous pouvez maintenant jouir de la vie en non-fumeur. Pour en être tout à fait sûr, vous devez suivre les recommandations suivantes :

1. Gardez ce livre à portée de la main pour vous y référer facilement si nécessaire. Ne le perdez pas, ne le prêtez pas, ne le donnez pas.

2. Si vous enviez les fumeurs, n'oubliez pas qu'eux-mêmes vous envient. Ce n'est pas vous le malade, ce sont eux.

3. Souvenez-vous que vous étiez malheureux lorsque vous fumiez. C'est pour cela que vous avez arrêté. Réjouissez-vous de ne plus être fumeur.

4. Ne doutez jamais de votre certitude de ne plus jamais fumer. Vous savez que c'est la bonne décision.

5. Si jamais vous vous dites : « Et si j'en fumais une ? », souvenez-vous qu'il n'y a rien de pire que « une ». La question que vous devez vous poser n'est pas : « Et si j'en fumais une ? » mais : « ai-je envie de redevenir fumeur, tous les jours, toute la journée, de

coller ces trucs dans ma bouche et de les allumer ? » La réponse est :

NON ! DIEU MERCI JE SUIS LIBRE !

Des milliers de fumeurs sont devenus facilement et sans douleur des non-fumeurs heureux dans l'un des centres Allen-Carr où, avec un taux de réussite de 90 %, il vous est garanti que vous serez satisfait ou remboursé. Si vous avez besoin d'une aide supplémentaire, n'hésitez pas à contacter le responsable du centre le plus proche. Un service d'aide aux entreprises qui souhaitent mener une politique simple et efficace de gestion des fumeurs et des non-fumeurs est également proposé. Toute correspondance ou demande d'informations complémentaires à propos des livres, vidéos, K 7 et CD-Rom d'Allen-Carr doivent être adressées au centre de Londres.

LES CENTRES ALLEN CARRE

ALLEN CARR -U.K.

Website : http://www.qwerty.co.uk/allencarr
E-mail : postmaster@allencarr.demon.co.uk

LONDON : lc Amity Grove, Raynes Park, London
SW20 OLQ
Tél & Fax : 0181 944 7761. Therapist : John Dicey
E-mail : postmaster@allencarr.demon.co.uk

BIRMINGHAM : 415 Hagley Road West, Quinton, Birmingham B32 2AD.
Tél & Fax : 0121 423 1227. Therapist : Jason Vale.
E-mail : JASEYBEAN@AOL.COM

BRISTOL : Tél : 0117 908 1106. Therapist : John Emery.

DEVON : Angel Cottage, Cutteridge Farm, Whitestone, Exeter EX4 2HE.
Tél : 01392 811603. Therapist : Trevor Emdon.
E-mail : trev@wizardofwisdom.com

EDINBURGH : 48 Eastfield, Joppa, Edinburgh, EH15 2PN.
Tél : 0131 660 6688. Fax : 0131 660 3203. Therapist : Derek McGuff.
E-mail : easyway@clara.co.uk

GLASGOW : Meadow House, Meadowmill, Tranent.
Tél : 01875 616658. Therapist : Joe Bergin.

KENT : Tél : 01227 779 188. Therapist :
Angela Jouanneau.

NORTH EAST : 10 Dale Terrace, Dalton-le-Dale, Seaham, County Durham, SR7 8QP.
Tél & Fax : 0191 581 0449. Therapist : Tony Attrill.

SOUTH COAST : Christchurch Business Centre, Grange Road, Dorset BH23 4JD.
Tél : 01425 272757. Fax : 01425 274250. Therapist : Anne Emery.
E-mail : AEmery3192@aol.com

SOUTHAMPTON : Tél : 01425 272757. Fax : 01425 274250. Therapist : Anne Emery.
E-mail : AEmery3192@aol.com

YORKSHIRE : Tél : 0700 900 0305. Fax : 01904 340 159. Mobile : 07931 597 588. Therapist : Diana Evans.
E-mail : diana_york@yahoo.co.uk

ALLEN CARR AUSTRALIA

MELBOURNE : 148 Central Road, Nunawading, -Vic 3131, Victoria.
Tél & Fax : 03 9894 8866. Therapist : Trudy Ward.
E-mail : easywaya@bigpond.com

SYDNEY : 40 Ashbrookes Road, Mount White, NSW 2250.
Tél : 02 9328 2978. Therapist : John Ryff.
E-mail : John_Ryff@compuware.com

ALLEN CARR AUSTRIA

Website : http://www. allen-carr.at

VIENNA : Tél : 01 333 1355. Fax : 08031 463068.
Therapist : Erich Kellermann
E-mail : erich.kellermann@allen-carr.at

SALZBURG : Tél : 0662 878718. Fax : 08031 463068.
Therapist : Erich Kellermann.
E-mail : erich.kellermann@allen-carr.at

ALLEN CARR BELGIUM

ANTWERP : Marialei 47, 2018 Antwerpen. Tél : 03 281 6255. Fax : 03 744 0608. Therapist : Dirk Nielandt.
E-mail : easyway@online.be

ALLEN CARR CANADA

TORONTO : 481 North Service Road, Unit A12, Oakville, Ontario, L6M 2V5.
Tél : 905 827 3888. Fax : 905 827 9434. Therapist : Nancy Toth.
E-mail : aceasyway@msn.com

ALLEN CARR ECUADOR

QUITO : Veintimilla 878 y Amazonas, P.O. Box 17-03-179, Quito.
Tél & Fax : 02 56 33 44. Tél : 02 82 09 20. Therapist : Ingrid Wittich.
E-mail : toisan@ECNET.ec

ALLEN CARR FRANCE

Website : http://www.allencarr.fr
E-mail : info@allencarr.fr

MARSEILLE : 70, rue St-Ferreol, 13006 Marseille.
Tél : 04 91 33 54 55. Fax : 04 91 33 32 77. Therapist : Erick Serre.
E-mail : info@allencarr.fr

ALPES : Centre Allen Carr ALPES, BP 203, 73277 ALBERTVILLE Cedex
Tél : 04 79 37 76 02. Fax : 04 79 32 84 72. Therapist : Daniel Gille.
E-mail : easyalpes@wanadoo.fr

ROUSSILLON : 1, rue Pierre-Curie, 66000 Perpignan.
Tél : 04 68 34 40 68. Fax : 04 68 62 16 09. Therapist : Eugene Salas.
E-mail : eugenesalas@minitel.net

CARRIBEAN : 11, Lot du Moulin, 97190 Gosier, Guadeloupe, Antilles. Tél : 05 90 84 95 21. Fax : 05 90 84 60 87. Therapist : Fabiana de Oliveira.
E-mail : allencaraibes@wanadoo.fr

ALLEN CARR GERMANY

Website : http://www.allen-carr.de
E-mail : info@allen-carr.de

MUNICH : Samweg 14, 82281 Poigem : Tél : 08134-559560. Fax : 08134-559561. Therapists : Petra Wackerle & Stephan Kraus.
E-mail : info@allen-carr.de

STUTTGART : Heumadener Str. 11, 70329 Stuttgart-Hedelfingen. Tél : 07114209154 Fax : 08135 8920.
Therapists : Petra Wackerle & Stephan Kraus.
E-mail : info@allen-carr.de

BAD SALZUFLEN : Elsterweg 28, 32107 Bad Salzuflen.
Tél : 05222 797622. Fax : 05222 797624. Therapist :
Wolfgang Rinke.
E-mail : wolfgang.rinke@allen-carr-.de

DÜSSELDORF : Steffenstr. 4, 40545 Duesseldorf. Tél :
0211 5571738. Fax : 0211 5571740. Therapist :
Axel Matheja.
E-mail : axel.matheja@allen-carr.de

BERLIN : Tél : 030 21750488. Fax : 030 21750489.
E-mail : info@allen-carr.de

HAMBURG : Tél : 040 28051056. Therapist :
Regina Hildebrandt.
E-mail : regina.hildebrandt@allen-carr.de

FRANKFURT : Kaiser-Friedrich-Ring 27, 65185 Wiesbaden
Tél : 0611- 3757165. Therapist. Elfi Blume.
E-mail : elfi.blume@allen-carr.de

ALLEN CARR HOLLAND

Website : http://www.allencarr.nl
E-mail : amsterdam@allencarr.nl

AMSTERDAM : Pythagorasstraat 22, 1098 GC
Amsterdam. Tél : 020 465 4665. Fax : 020 465 6682.
Therapist : Eveline De Mooij.
E-mail : amsterdam@allencarr.nl

UTRECHT : De Beaufortlaan 22 B. 3768 MJ Soestduinen (gem. Soest). Tél (stop smoking) : 035 60 29458.
Therapist : Paula Rooduijn.
E-mail : soes@allencarr.nl
Tél : (weight) : 035 60 32153. Fax : 035 60 322 65.
Therapists : Nicolette de Boer.
E-mail : nicolette@allencarr.nl
And : Annette van Schaik. E-mail : annette@allencarr.nl

ROTTERDAM : Mathenesserlaan 290, 3021 HV Rotterdam. Tél : 010 244 07 09. Fax : 010 244 07 10.
Therapist : Kitty van't Hof.
E-mail : rotterdam@allencarr.nl

ALLEN CARR HONG KONG

WANCHAI : Suite B, l9th Floor, LoYong Court Commercial Building, Wanchai. Tél : 852 2893 1571.
Fax : 852 2554 2958.
Therapists : Jon Lewis-Evans & Leo Ngai
E-mail : easyway@hkwww.com

ALLEN CARR ICELAND

REYKJAVIK : Ljosheimar 4, 104 Reykjavik. Tél : 354 553 9590. Fax : 354 588 7060. Therapists : Petur Einarsson & Valgeir Skagfjord.
E-mail : pein@ismennt.is

ALLEN CARR IRELAND

DUBLIN : 123 Coolamber Park, Templeogue, Dublin 16.
Tél : 01 494 1644. Tél & Fax : 01 493 9313. Therapist : Brenda Sweeney.
E-mail : seansw@iol.ie

ALLEN CARR ISRAEL

JERUSALEM : P.O. Box 127, Givat Ze'ev.
Tél : 02 624 2586.
Therapist : Michael Goldman.

ALLEN CARR ITALY

MILAN : Studio Pavanello, Piazza Argentina 4, 20124 Milan. Mobile Tél : 0348 354 7774 or 0322 980 350.
Therapist : Francesca Cesati.

ALLEN CARR SOUTH AFRICA

CAPETOWN : P.O. Box 5269, Helderberg, Somerset West, 7135. Tél : 083 600 5555. Fax : 083 8 600 5555.
Therapist : Dr. Charles Nel.
E-mail : easyway@allencarr.co.za

ALLEN CARR SPAIN

MADRID : C/Fernandez De Los Rios, 106, 1. IZQ. 28015 Madrid. Tél : 91 543 8504. Therapist : Geoffrey Molloy & Rhea Sivi.
E-mail : sivimoll@arrakis.es

ALLEN CARR SWITZERLAND

Website : http://www.allen-carr.ch

ZURICH : Bernhofstr. 34, CH -8134 Adliswil. Tél : 0041 1 7105678. Fax : 0041 1 7105683. Therapist : Cyrill Argast.
E-mail : cyrill.argast@allen-carr.ch

ALLEN CARR USA

TEXAS : 12823 Kingsbridge Lane, Houston, Texas 77077.
Tél : 281 597 1904. Fax : 281 597 9829. Therapist : Laura Cattell.
E-mail : ACatt38826@aol.com

NEW JERSEY : Tél : 732 730 1850 or 1-800 524 9949.
Therapist : Keith Newmark
E-mail : acezway@juno.com

ST LOUIS : Tél : 1 800 524 9949. Therapist : Keith Newmark.
E-mail : acezway@juno.com

 Merci d'adresser vos commentaires au centre de Marseille

Imprimé en France sur Presse Offset par

BRODARD & TAUPIN
GROUPE CPI

14028 – La Flèche (Sarthe), le 30-08-2002
Dépôt légal : avril 1993

POCKET – 12, avenue d'Italie - 75627 Paris cedex 13
Tél. : 01.44.16.05.00